从管班到带班

班主任关键能力养成指南

张日威 / 著

中国纺织出版社有限公司

图书在版编目（CIP）数据

从管班到带班：班主任关键能力养成指南 / 张日威
著. -- 北京：中国纺织出版社有限公司，2025. 9.
ISBN 978-7-5229-2944-6

Ⅰ. G451.6-62

中国国家版本馆CIP数据核字第2025YT9392号

责任编辑：李凤琴　　责任校对：高　涵　　责任印制：储志伟

中国纺织出版社有限公司出版发行
地址：北京市朝阳区百子湾东里A407号楼　邮政编码：100124
销售电话：010—67004422　传真：010—87155801
http://www.c-textilep.com
中国纺织出版社天猫旗舰店
官方微博 http://weibo.com/2119887771
北京华联印刷有限公司印刷　各地新华书店经销
2025年9月第1版第1次印刷
开本：710×1000　1/16　印张：13.75
字数：165千字　定价：59.80元

序言

从赛场巅峰到教育旷野——我的教育进阶之路

我从赛场的巅峰出发，最终通往教育的旷野。

2020年，当我捧着六个班主任大赛一等奖奖杯时，并没有喜悦。聚光灯下的荣耀固然璀璨，但我深知，教育的深广远非赛场可以丈量。那灼目的奖杯，与其说是胜利的徽章，不如说是一道叩问初心的大门：门外，是一条更漫长、更艰深的教育修行之路。

第一阶段（2020年）——技：于锋刃之上，见天地

那一年，作为班主任比赛选手，我沉浸于技艺的切磋与打磨。比赛的"技"，是描述带班方略的字斟句酌，是打磨育人故事的千锤百炼，是设计主题班会的别出心裁，是处置突发情境的机敏果断。我收获最丰的并非奖杯，而是与一群卓越灵魂的并肩作战。

在备战市赛的过程中，我们团队汇聚了各路精英：有擅长辩论、将生涯规划活学活用的高手；有教学和德育能力都很突出的双优型教师；有将每一个细节做到极致的勤奋者；有能现场触动所有听众的煽情高手……在导师的带领下，我们团队一起努力，从7月入群，到10月集训，最终在市级班主任专业能力大赛中，一举夺得多个一等奖第一名。

在无数个日夜的切磋琢磨与彼此托举中，在这个高浓度的"共同成长体"中，我们在备赛的煎熬中相互扶持，在思维的碰撞中彼此照亮。正是在这样的探索中，我越发清晰地认识到，"管班"和"带班"是两套完全不同的底层逻辑。"管班"以维持秩序为核心，强调服从与规范，师生是规训与被规训的关系；而"带班"通过价值观引领、情感联结激活学生内驱力，强调自主管理与人格的整体发展，师生是彼此成就的共同成长体。

第二阶段（2021-2023年）——法：于规则之中，建体系

2021年，我借调到区教育局，负责班主任队伍建设工作。身份骤然转变，我从选手成为选手们的教练，我从"运动员"升维至"规则设计者"与"体系构建者"。我的核心课题不再是"我如何能赢"，而是"我的团队如何能一直赢"。

我潜心钻研赛事规则背后的育人导向，将个人的比赛之"技"转化为可复制可传授的比赛之"法"，构建一套选拔、培训、备赛的完整体系。于是，我亲自打造的新一代班主任比赛团队应运而生。

团队成员各具特色：有的以亲和与柔韧见长，本身就是对班主任大爱的最佳诠释；有的能从孩子视角出发，完美诠释"儿童立场"；有的文化底蕴深厚、思想张力十足，能为作品注入强大生命力；有的天马行空、不拘一格，总能带来不一样的创意；还有虽未上场却贡献了无数奇思的幕后智囊，在他们身上，外在的文质彬彬与内里的狂野不羁达成最佳合体……在各级班主任专业能力大赛中，我们的参赛者屡创佳绩，多位老师荣获省、市级一等奖，还有老师在全国班主任基本功交流活动中荣获优秀典型案例。

这不是个人的秀场，而是一个团队的战役。彼时我终日思考的事情就是如何识别、培养、锻造优秀选手，最终在比赛中一举夺冠。在这个过程中，我见证了比赛是如何推动班主任从"管班"到"带班"的转型。比赛常常揭露"管班"之困，暴露依赖控制手段的班主任在复杂教育情境中的无力感；同时，比赛也照亮"带班"之路，赛题设计倒逼管理理念升级，优秀案例示范育人智慧，评审标准定义专业高度，让班主任专业成长成为可观摩、可复制的实践路径。推动班主任从"班级秩序的维持者"蜕变为"学生生命成长的摆渡人"，这才是班主任比赛的终极使命。

第三阶段（2023-2025年）——道：于庸常之中，探本源

2023年6月，我来到一所九年一贯制新学校，担任德育主任兼初一班主任。当我从赛事的光环中抽身，回归一线工作时，我才真正触摸到教育最真实的脉搏与肌理。我的探索从"赛道"沉入"庸常"，开始追问班主任之"道"。

这个"道"，是价值与意义之问：为何越来越多的教师拒绝做班主任？而另一群人却甘之如饴地坚守几十年？

我看到了丰富至极的班主任生态：有培养出全国游泳冠军团队的教练型班主任；有学生永远围在身边的知心型班主任；有带领青年班主任在专业道路上稳步成长的名班主任……当然，也有无数被焦虑、迷茫、倦怠感深深包裹的痛苦灵魂，他们中有高手，也有新手，有人热情似火，也有人疲惫不堪，他们共同构成了教育最真实的生态。

教育的"道"，正在于此——它并非遥不可及的理论，却隐藏在日复一日的琐碎与碰撞中。倦怠者，往往困于"管"，疲于应付事务与规训，见"班"不见"人"；而坚守者，则进入了"带"的境界，他们透过烦琐看到生命成长的无限可能，在人格引领和情感联结中，获得了一种超越职业范畴的生命价值感。这种价值感，源于一个灵魂唤醒另一个灵魂的震撼，源于在成就学生的同时最终成全了自己的深刻体验。教育之道，归根结底是成人之美，以美成己。而更多的人，则在倦怠和坚守之间寻找平衡。

我与班主任们的关系，不再是教练与选手，而是"中医"面对一片蕴藏无限可能的"药材库"。我的工作不再是锻造比赛利器，而是"望闻问切"，诊断每一味"药材"的药性，激发其内在的治愈力，为学生健康成长"配方治病"。这是一种更生态、更需要双向滋养的关系。

原来，班主任比赛只是盈寸之方，而庸常的点点滴滴才是教育的广阔天地。我与我的班主任们共同面对最沉重的现实，也一起挖掘最坚韧的力量。探寻教育之道，就是在追寻一种理解、一种支持、一种唤醒。

第四阶段（2025 年）——理：于云端之巅，再出发

2025 年，于我是"转身之年"。我回到母校，成为北京师范大学的博士生；同时从学校的德育主任转身为家庭教育教研员。这双重身份叠加赋予我抽离的视角和跨界的梯子，同时我也得以走向融合、重构未来。

在学术的殿堂，我追随导师刘兰民教授，领会"学生的成长成人成才"为何是教育的第一要义；聆听洪成文教授"学术均在学术之外"的谆谆教诲，打开认识学术世界的全新视角；在导师楚江亭教授的引领下，从教师成长到学校管理，从道德原点到哲学逻辑，得以从教育高地俯瞰日常，真正领略"会当凌绝顶，一览众山小"的雄伟与宏大。

同时，从教育局到学校，从学校再到教科院，我得以从一个区域性、前瞻性视角，重新审视当下教育的成败得失，在学理与实践的交汇处，探寻那推动人类进化、社会进步的宏大"教育之理"。我的同行者，也变成了跨越疆界的"教育同盟者"，我们因对教育根本问题的共同关切而联结。

所以，当你翻开这本书，请别把它仅仅看作一份"比赛指南"。全书分为五章，前四章聚焦班主任赛项核心项目，系统解析带班育人方略的顶层设计、育人故事中教育智慧的凝练、主题班会课程的创意实施以及突发情境的处置艺术；第五章则汇聚班主任专业进阶的"利器"，从理论深耕、反思建模到金句积累，助你突破高原期实现专业跃迁。总之，整本书最终想抵达的，是系统构建班主任的四维关键能力——能立足时代与生命的高度进行班级顶层设计，能策划组织直击心灵的德育课程，能于日常琐碎中敏锐捕捉并淬炼出深刻的教育智慧，更能沉着破解真实情境中的复杂难题。

这些关键能力，绝非一蹴而就。它们源于对教育本质的持续追问，在"实践—反思—再实践"循环中不断升华，以及对专业工具与策略的刻意练习。本书正是希望通过呈现从"技"到"法"再到"道"与"理"

的完整进阶路径，为你提供一套可观摩、可实操、可迁移的专业成长体系，助你完成从"经验型班主任"到"生命型班主任"的深刻蜕变。

回首来路，每一步成长皆蒙厚赐。谢您灯塔之光——汪教授的卓越引领、黄粤师傅的精准点拨、任校长的全力托举，令我于国赛之巅窥见天光；谢您淬炼之火——陈局的慧眼识珠、成洋导师的严苛训练、楠姐的全然信任，助我在教练新途蜕变更张；更谢北师大教授天团，以学术清泉滋养我思想荒原；还有全体山海同仁，你们是我探索德育的沃土与脊梁。晨晖文华苑，星夜励耘楼，见证了我与79位博士同窗的求索步履。行程万里，不忘情深。此程终章，愿我辈皆能秉承"学为人师，行为示范"之校训，将星火撒向更广阔的教育旷野。

最后，感谢从未停歇的自己，将这段蜉蝣人生过得波澜壮阔。"班主任—比赛选手—教练—德育主任—博士生、教研员"，这趟旅程中的所有沉淀最终汇流成书。书中既有破题的"技"与"法"，更有对教育"道"与"理"的虔诚求索。它不只造就赛场冠军，更愿滋养每一位平凡岗位上的躬耕者。教育的答案，终要回归初心。赛场之巅的星光固然璀璨，但教育的真谛永远在那片无垠的旷野之中。愿此书，予您登顶的利器，更赋您深耕旷野的胆识与力量。

张日威

2025 年 8 月于北师大文华苑

目录

第一章

带班育人方略：
班级建设全景解析

带班育人方略的基本范式

撰写带班育人方略（也可简称"带班方略"）是班主任的一项基本功：它非常重要，是一个班级进行顶层设计的大致规划；它难度最大，要考察班主任多方面的素养和能力；它历史较短，是近年来出现的新事物。因此说起带班方略，很多班主任都说："不知道如何给自己的班级做方略！"针对这种现状，笔者从四个方面对它进行概述。

一、带班育人方略的前世今生

这一概念的诞生，最初来自班主任比赛。2020 年之前，中小学班主任比赛由各省市教育行政部门组织，按照省—市—区—校四层级层层落实，如果班主任能够参加省赛，就算到达了比赛的最高级别。譬如，参加广东省第七届班主任专业能力大赛获取一等奖，意味着拿到了班主任比赛最高的奖项。而中职班主任比赛，参加完省赛后，还可以参加由教育协会组织的"全国中职班主任基本功大赛"，属于国赛级别。那时不管是中职还是中小学，赛项只有四个：书面测试（理论测试和班级发展规划）、主题班会设计、情景答辩和成长故事叙述。

2020 年开始，教育部对中职班主任比赛做了两个大动作：**第一，拔高比赛地位。**由教育部亲自组织全国职业院校班主任比赛，并将其纳入职业教育技能大赛的体系里。**第二，改变班主任赛制。**中职班主任比赛新赛制包括初赛和决赛两个流程：初赛提交网络资料，包括班级建设方案（5000 字）、育人故事（2000 字）、主题班会策划（2000 字）和班会实录视频（40 分钟）；如果初赛通过，将在决赛现场进行展示，给 40 分钟备考时间，然后现场展示以下 3 个项目：班级建设实施效果汇报（8分钟）、模拟情景处置（6 分钟）、班集体活动策划（6 分钟），评委在以上材料基础上，现场生成 3 个问题，选手现场答辩（8 分钟）；除此之外，评委还要按照学号随机抽取一名学生，选手当场回答该生的情况。

这个赛制是有史以来最难的赛制！笔者认为，从某种意义上讲，中职班主任比赛是走在中小学前面的。班级建设方案——作为一个新兴的赛项，就这样横空出世了！

2020 年教育部颁发的国赛文件里，对班级建设方案要求的描述大概有 20 多页，字数要求 5000 字。这个赛项出来，难倒了一大批人，当时很多选手望而生畏，直接弃赛。文件没有提供任何范例，网上也没有任何参考资料。但有时候坚持一下，就会看到更美的风景，2020 年那一届坚持下来的选手就成了吃螃蟹的第一代。

2021 年，教育部基础教育司部署要求，由北京教育科学研究院策划组织，在全国范围内开展 2021 年全国中小学班主任基本功典型经验交流活动。3 个赛项即主题班会、育人故事和带班育人方略只需提交网络材料。而此处的带班育人方略，就是前一年中职的班级建设方案，只不过换了个名称，简化了要求，字数要求依然是 5000 字。

从这几年班主任赛制的变化上，笔者感受到一股暗流涌动：中小学想在历经几届已经固化的赛制里，找寻一些新鲜的东西，最容易模仿学习的就是中职和高职。如果中小学教师们视野再开阔一些，格局再大一些，就能看到中职班主任比赛已经在引领未来的潮流。

2021 年全国班主任基本功交流比赛启用这一赛项后，带班育人方略就进入了中小学班主任的视野中。2022 年，"长三角"地区很多地方启用该赛项；2023 年，深圳市中小学班主任专业能力大赛正式启用，同年广东省举办青年教学能力大赛（以下简称"青教赛"），也把带班育人方略纳入比赛中。

总之，带班育人方略的前世是班级建设方案，是中小学班主任基本功交流活动新兴赛项，目前逐渐被中小学班主任能力大赛吸纳，其实在中小学领域，这个赛项才出现两年。

二、带班育人方略的要求

那么，中职的班级建设方案和中小学的带班育人方略，二者之间有什么不同吗？我们借比赛文件来看看这两个赛项的要求，就可窥一斑了。

根据 2020 年教育部颁发的《全国职业院校中职班主任比赛》，班级建设方案是指：在全面系统分析班级基本情况的基础上，根据国家政策方针和人才培养方案，结合中职学生思想情况和行为特点，科学合理确定班级建设目标，并统筹规划达成目标的建设途径和具体措施，是班主任对班集体建设的系统思考和全面规划。该文件提出的评分指标共有 6 个：班情与目标、内容与策略、实施与成效、素养与表现以及特色创新。字数要求 5000 字。

2021 年教育部基础教育司对中小学带班育人方略是这样要求的：带班育人方略文本包括育人理念、班情分析、班级发展目标、实践做法、特色和成效等内容。理念遵循育人规律，目标符合学情，明确具体，实践做法体现系统性和针对性，特色突出，可操作性强。5000 字以内。

从比赛文件可以看出，两者都要求 5000 字的文本，但班级建设方案还有 8 分钟实施效果汇报，也就是说在文本里，只能写对班级建设的规划和设想，班级建设实际成效是不能写的，只能在决赛现场汇报。而带班育人方略包括规划设想、实践过程以及实施效果，是整个班级从开始的顶层设计、中间的实施过程到最终的带班成效，形成一个完整闭环。另外，带班育人方略模块内容更加简略一些，更加接地气一些。

后来的变化就更有意思了——有些地方带班育人方略更加简略，直接省去了 5000 字文本。譬如 2023 年某市第九届班主任专业能力大赛中，带班育人方略不要求提交文本，只需要现场用 PPT 汇报 4 分钟（省赛是 5 分钟）！这个改动对带班育人方略影响非常大。其实 4 分钟时间太短了，根本就说不清楚！4分钟能讲清一个故事，讲清一个班会设计，讲清一个棘手难题的处理，但还真讲不清楚一个带班方略。

对此，笔者一直非常疑惑，不知道问题出在哪里。2022年笔者指导班主任参加教育部基本功交流活动时，尚且能把方略讲清楚，同时指导中职选手们。为什么2023年在带班方略的撰写指导上，班主任的痛苦简直难以形容。后来笔者想明白了，这还是5000字文本的事情！如果班主任能够把建设班级的路径、措施和活动，在5000字的文本里讲得充分且全面，决赛时再去汇报实施效果，就能讲得清楚明白、从容不迫；而在没有经过撰写文本训练的前提下，要在4~5分钟里讲清楚那么多要素，而且要求必须系统且全面、多样而统一、规范又创新，这是绝对不可能做到的！

在这样的情况下，带班育人方略从原来的"繁杂但系统"演变为现在的"简略也系统"，谁能在四五分钟里，讲清楚几个模块，抓住几个关键元素，谁就能获得优势。原本是比赛中最难的赛项，现在倒变得最简单了。在备赛过程中，很多班主任临近比赛才开始准备方略，他们说"方略没那么难了，上场前大改也无妨"。这样的赛项，能考察出选手的综合素养吗？答案是显而易见的。

三、带班育人方略的范式构成

根据教育部的文件要求，带班育人方略应该包括标题、育人理念、班情分析、班级目标、实践做法、特色和成效六个部分。

（一）标题要响亮，雅俗相称让人难以忘记

尽管文件里没有提标题，但它的重要性不言而喻。标题取得好，才能够引起评委的兴趣，让他们对内容充满好奇和期待；若作品内容非常精彩，标题却平平无奇，效果就会打折扣。

有的标题体现育人理念，如"四方共育，5C创新"，协同共育和创新发展就是方略理念；有的标题暗含班名和象征意义，如"'芳华7号'

的航行之路"，把班级比作一艘大船开启航行之旅；有的标题直指班级特色活动，如"藏在班本课程构建里的带班育人方略"，班本课程就是特色；有的标题体现了学生的专业，如"驼铃通古今，商道兴中华"，一看就是外贸专业。

如果是双标题的话，正标题一般较为文雅，表达思想和理念，"虚"一些；那么副标题就要明确，体现班级和文体，要"实"一些。如"看见＋赋能＝释放——××实验学校高一（3）班的3年带班育人方略"。这样的标题响亮、文雅，且富有内涵。

（二）育人理念要聚焦，体现立德树人根本任务

育人理念是带班育人的灵魂，是支撑我们实现班级发展目标的指导思想，决定了整个方略的内核。聚焦的育人理念对整个方略体系而言，具有价值观的引领和方向上的指导作用。

育人理念从哪里来？不是随便拿来一个就可以用，而是要班主任深度思考，精准提炼。这里有几重考量因素，一是考虑国情，国家要培养什么样的人，学生应该具备什么样的素养能力；二是考虑城市定位、区域经济情况以及特色乡土文化；三是考虑校情特点，本校的办学理念、办学目标以及校园文化；四是考虑个人偏好，班主任自身的成长经历、性格特点、学识水平、个人魅力以及对教育的独到理解。

育人理念也要符合新时代的育人思想。育人理念必须是正确的，而且要服务于立德树人这一根本任务。我们教育的最终目标就是要把学生培养为社会主义核心价值观的坚定信仰者、积极传播者、模范践行者……如果理念偏了，方向就错了，班级建设就会脱离正道，育人效果就会适得其反。例如，某高中班主任撰写方略时，将育人理念定为"让每一位学生都走向成功"，并且在文本里明确了"成功"的内涵：战胜自我的自制力、战胜他人的竞争力和战胜高考的意志力。"战胜自我"可以，"战胜高考"也勉强说得过去，而"战胜他人"这种育人理念本身就是有问题的。

（三）班情分析要准确，合理适切牢固带班基石

带班育人方略不能没有"班"，不能脱离班情，不能没有班级建设。整个方略要以班情为立足点和基准点，以育人为落脚点和归宿点，建班、带班与育人的逻辑关系是通过班级建设来实现对人的培养的。因此，班情分析是整个方略的逻辑基础，是班级目标、实践做法等重要环节的现实基础。育人要遵循因材施教，带班要遵循因"班"施教。没有对班级、对学生的全面了解，就不可能带好班、育好人。

了解班情要关注到每一名学生的家庭情况、身心健康状况、个性特点、学业基础、爱好特长、发展诉求等方面，并要提炼分析班级的总体特点，提出带班育人实践中需要重点关注的工作领域、学生个体、可能面临的困难和需要重点解决的问题。

班情分析还可以借助各种统计图对班级的重要数据进行分析，如常用的 SWOT 优劣势分析法，或者是雷达分析图。借用工具不仅能够客观理性地展示本班情况，而且视觉上也给人以直观的感受。班情分析是否准确全面，关系到班级能否实现发展目标。

（四）班级目标要合理，符合学段特点

只有基于对班情全面精准的分析，才能制定出合适的班级目标。班情分析解决的是"我们是谁""我们现状如何"的问题，班级目标解决的是"我们要到哪里去""我们要达到什么样的彼岸"的问题，而实践做法解决的就是"我们怎样达到彼岸"的问题。厘清本源，才能面向未来。抓住这几个模块的逻辑关系，就抓住了方略非常重要的维度。

班级目标包括两个层次：班集体发展目标和学生培养目标。前面讲过，班主任要"胸中有班"，通过班集体建设实现对人的培养；同时更要"眼中有人"，教育的最终目的是人的全面发展，建设班级的最终归宿点和落脚点是育人。一个周期后，学生应该具有什么样的素养和能力，这就是方略应该提到的学生培养目标。有了这个培养目标，育人就有方向有标准。

同时，班集体发展目标还要分阶段进行，大部分班主任按照班级学年来，那么另辟蹊径就格外值得学习。比如，可以根据学生的心理发展阶段或者学生在校学习内容的不同进行划分。例如，一位中职班主任将整个三年周期划分为四个阶段：混学阶段——专业分流——备战高考——参加实习。这种分法相当好，是非常符合中职学情的。

发展目标要合理，要符合学情实际，切忌好高骛远。关于这点，笔者在本章"好高骛远脱离实际——带班育人方略之盲点"一文详细进行了阐述。

（五）实践做法要落地，扎实有效且富有系统性

实践做法是带班育人方略中最为核心和关键的部分。在这部分内容里，班主任要呈现出完整的班级育人体系、系统的班级管理经验体系和富有逻辑性的思想体系。当然这并不容易。笔者在这里简要介绍几个重要的方面：德育内容、逻辑架构、措施手段和活动安排。

德育内容就是教育部颁发的、需要学校贯彻落实的德育政策和法规文件，经过梳理，大概包括：习近平新时代中国特色社会主义思想教育、四史教育、三义教育、劳动教育、中华优秀传统文化传承与创新、心理健康教育、安全教育、法治教育、家校共育、生涯规划、志愿服务、社会实践、校企共育，等等。这些德育内容最终需要在班级日常的教育生活中落实，带班育人方略就承担了这一重任。

逻辑架构是难度最大的。其纵向是按照阶段目标分成的时间轴，横向就是按照一定的逻辑关系分成的模块，有的班主任按照六大育人途径（课程育人、管理育人、实践育人、文化育人、活动育人、协同育人），有的按照五育（德、智、体、美、劳），中职一般按照班主任五大职责（学生思想工作、班级管理工作、组织班级活动、职业指导工作和沟通协调工作）。也有班主任按照"班集体建设、学生发展指导、教育沟通协调"三块，这种分法出自北京教育科学研究院班主任研究中心对班主任核心素养的构建框架。从以上来看，带班方略的逻辑架构，班主任不

能擅自搭建，要有教育部文件或权威公认的研究成果作为支撑。

换句话说，要想达成班级目标，就要把德育内容用学生喜闻乐见的活动形式，形成一个有系统、有规划、有重点的架构。这是最难的，也是方略中最硬核的东西。笔者评价一个带班方略，首先看内容架构，因为这是能最快体现班主任顶层逻辑思维的维度，请参看笔者参加国赛时的作品（图1-1）。

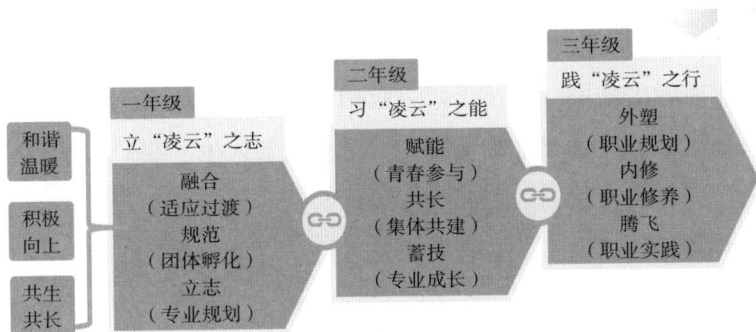

图1-1　笔者国赛作品的逻辑架构

措施手段是逻辑架构的下位概念，是为了实现阶段目标而采取的措施和手段；活动安排又是措施手段的下位概念，承载了实现阶段目标的最小单位。因此，方略要"高屋建瓴"，措施要"接地气"，活动要"安排周到"。

（六）特色成效要突出，检验方略彰显思考深度

方略特色要围绕作品的独创来写，可以是整个方略的育人模式，可以是一套成体系有创意的活动，也可以是某种卓有成效的评价方式。特色不能太多，一个太少，三个太多，两个最合适，特色必须是班级建设中一以贯之的最大亮点。

带班成效到底怎么样？拿什么标准来衡量？班主任都能想到——班级目标！这是班级和学生都要达到的目的和状态，用班级建设目标来衡量班集体的建设成效，用学生培养目标来衡量育人成效。那么，如何做才能让人觉得"这个班带得好""这群学生培养得好"？这非常考验班主任的功底。说得太白有傲慢之嫌，说得太含蓄又不能达到预期效果。根据笔者的经验，需要在佐证素材下功夫，除了常用的图片、视频、奖状等材料，还要多用统计图表、聊天截图、班级徽章、思维导图以及数据对比来呈现带班成效。

另外，带班成效不仅包括学生，班主任的成长也是带班成效的一部分。班主任的专业成长、个人生活都可以纳入带班成效中。就像一位班主任说的："我带的这帮孩子毕业了。就在他们毕业的那天，我穿着婚纱、带着我的新郎，与孩子们一起拍了一张毕业照。于我而言，我踏入了一段新的人生；于他们而言，也是一段新人生。我们相互陪伴、携手共进了三年，在这以后也要带着彼此的爱和期待，奔赴下一场山海。"这种师生共成长，就是带班最大的成效。

四、带班育人方略的评价要点

笔者一直非常推崇"十性"评价方法。

是否有思想**高度**，呈现育人**方向性**？

是否有内容**广度**，呈现育人**全面性**？

是否有一定**梯度**，呈现带班**渐进性**？

是否能够有**实度**，具有一定**操作性**？

是否能够有**活度**，具有一定**生成性**？

是否能够有**新度**，具有一定**创新性**？

总之，"班情、目标、理念是方略的三大基石；特色、逻辑、成效是方略的三大看点；完整、系统、理性是方略的三大特征；反思、提炼、创新是方略的三大要素。"作为班主任的一项基本功，带班育人方略不仅仅是教育点的突破、各方协作线的串联，还有教育内容面的拓展和整个班级体系的构建。

带班育人方略之痛点：点线面体说逻辑

作为班主任的一项基本要求，带班方略能够考察班主任多方面的素养和能力，如调研总结、顶层设计、筹划全局等。中职班级建设方案历经四年的进化演变，已经提供了不少可供参考的优秀案例，但带班方略依然是让很多班主任不知所措的项目。

作为一个系统性的整体，班主任需要关注多种维度：严密的逻辑性是带班育人方略的**痛点**，文化浸润意象表达是一直未曾过时的**热点**，符合学生发展的事实基础是方略的**盲点**，成体系有特色的活动体系是方略的**创新点**，与整个架构契合的点滴故事是方略的**泪点**，利用多个定位支点来击穿育人目标是方略的**锚点**。这六个维度若是都能达到，将是非常卓越的带班方略。

严密的逻辑性是带班育人的灵魂。日常指导班主任时，笔者通常会问四个问题：第一，班级的育人理念是否贯彻带班始终；第二，班级整个实践活动的底层逻辑是什么；第三，班主任重点关注班级哪些方面？为什么？第四，哪些元素能够呈现班级建设成效？这四个问题能够回答清楚，班级建设的逻辑就基本没问题。

从比赛的角度看，带班育人方略只呈现4分钟，跟中职的8分钟讲述有很大不同。4分钟能表达什么，肯定不能事无巨细地一股脑都讲，在短短的4分钟里，能够说清楚育人理念、带班思路、某方面的具体做法以及带班成效，就可以了：育人理念（0.5分钟），带班思路和框架（1分钟），具体做法（1.5分钟），带班成效（0.5分钟），一共是4分钟。笔者将按照"点线面体"来说明这四方面的内容如何表达。

一、"线"：一根理念之线

育人理念要在建班之初旗帜鲜明地提出来，更重要的是，要在带班过程中通过班级活动体现出来，并且呈现出这种理念的实践效果。比如，如果班级育人理念是"让每一个学生都出彩"，那么班主任就要搭建多元平台让学生尽展风采，并且每个学生的成长发展就是班级建设的育人效果。育人理念这根线，如果不能统领带班过程，班级建设就会显得松散而没有灵魂。同时，理念不宜太空太大，如"教育就是真善美"，如此理念下的实践做法和育人成效很难进行体现和表达。

二、"面"：带班重点关注的方面

根据《中小学德育工作指南》，班主任在班级里实施的德育工作可谓"一、二、三、四、五、六"：一个体系、两个结合、三个关键点、四个基本原则、五项主要内容、六大实施途径。班主任若要面面俱到，必然眉毛胡子一把抓，很难都做好。因此，班主任需要认真思考，基于班级的实际情况，哪一方面可以作为工作重点。这个"面"，一定是班级里让班主任头疼的问题。如某班级建班之初，最大的问题就是学生和家长对中职学校的不认可；那么班主任就需要思考，要采取什么措施和手段、获得哪些方面的支持和协作去解决这个问题，最后取得了什么成效。

三、"体"：班级发展的立体思路

班级情况是逻辑起点，学生培养目标是终点。从起点到终点之间，你要通过什么路径、什么措施达成，这就是带班育人过程。这个过程需要一个活动体系来表达。《中小学德育工作指南》中提到的五项主要内容和六大实施途径，还有各种进校园活动，都是班主任的工作范围。如何把这些内容纳入活动体系内，这是重中之重。这个立体思路如果不清晰，平时带班的活动就会东一榔头西一棒槌毫无章法。

四、"点"：穿插在理性方略中的感性之点

带班育人方略较为理性客观，班主任的分析策划、反思统筹以及提炼总结能力尽显其中。譬如在比赛中，如果在理性讲述中，能穿插一些感性的"点"，就能把评委点燃。这些感性的"点"，也许只是一个场景，但冲击力非常强，让人难忘；也可以是·个故事，三言两语，但体现出鲜明的育人效果；还可以是一种变化，一种感悟，总之，它的风格是多变的，但是内容又和前面是一致的。这种突如其来的穿插会增强讲述的张力。

之所以说带班育人方略的痛点是逻辑性，是因为利用逻辑性这一标准，就可以评判哪些方略是优秀的，哪些是经不起实践考验的。

带班育人方略之盲点：好高骛远脱离实际

作为比赛中的新兴赛项，带班方略承载了很多误会和笑话。刚出来的新事物，大家都不知道这个东西到底怎么写，最便捷直接的方式，就是模仿别人的作品。不得不说，有些班主任具有强大的山寨能力，模仿出来的作品像模像样，就是没有灵魂。

前几年某市举办新岗班主任比赛，赛前邀请专家培训了一轮。赛后笔者作为评委评审作品，发现全区 60 多份作品，除了班名和理念不一样，其他都一样：题目一个套式，架构一个模子，活动一个系列，连特色都写得一模一样。

班主任们太想学习这种文体，一味模仿，而忘记了方略最重要的基石——就是自己实际带的那个班和每天相处的那帮学生们。所以写出来的方略没有灵魂、没有生命力。实际上，比赛不是目的，比赛只是手段。笔者希望通过比赛形式，来深度挖掘班级建设过程中一种高级的统筹性的思维；"以赛促学""以赛提能"，最终目的是提升班主任的核心素养和工作能力。在实践中，常见的好高骛远脱离实际，大概分为三种。

一、脱离学生身心发展实际

学生是正在发展的个体，不同年龄阶段有不同的身心发展特点，教育必须遵循儿童生长规律：小学、初中和高中三个学段差距极大；同为小学生，低段和高段又截然不同。班主任需要思考：这个方略符合我的学生吗？目标适合吗？措施适合吗……根据笔者经验，带班方略的班级目标，普遍"宏大而模糊"，"好听但不接地气"。

譬如某班主任为小学低段班级设定的目标是"怀瑾握瑜，渐成君子"，怀什么瑾握什么瑜，"君子"的内涵又是什么，都没说清楚；再看阶段目标，一年级"修身守正、孝亲敬老"，二年级"言必行、行必果"，三年级"自觉遵守公共秩序、心中有家国、心中有理想"。试问，中国古代士大夫都要用一辈子来修身养正，一年级孩子刚从幼儿园毕业，如何能做到修身？这个要求着实太高。小学一年级的培养目标，不如换成"爱运动，爱学习"，才符合年龄特点。

再如某初中班级的培养目标"成为具有立己达人，敢为人先，天下为公品质的弘毅少年"，阶段目标是初一"培'弘毅'之根，自主自律且立己达人"，初二"赋'弘毅'之能，自尊自信且敢为人先"，初三"铸'弘毅'之魂，自立自强且天下为公"。笔者听了以后不由替班主任捏一把汗：这些目标初中生能达到吗？稍微思考下就知道，这个目标实在太宏大，这是用精英成年人的标准来要求初中生，实在是好高骛远不切实际！

二、脱离学校工作实际

很多初高中的班主任，谈到带班方略时，只谈活动不谈学习；只见德体美劳四育，不见智育。在初高中，学习是非常重要的内容，学习成绩是最为重要的评价手段。学校每天最重要的活动就是教学，但带班时却不予考虑，这实在是最大的荒谬！不谈中考、高考，只谈班级建设，不谈成绩和学习，只谈品德养成，这是对当下现状的不尊重，也是对班主任工作最大的误解！

中学班主任一定要正视考试和成绩，而且要想方设法提升学生的学习兴趣，可以根据成绩进行"师徒结对"，这也是班风建设的一部分，还可以围绕中高考进行生涯规划教育和考前心理疏导。

再如，中职班主任，明明学生第五学期参加完 3+X 高考后就全部去实习了，那就没必要在第六学期把活动安排得满满当当；明明 90% 的学生毕业后都进入大专院校继续深造了，那就没必要把学生培养成德技兼备的技能人才。不符合实际的方略没有任何意义，"真实的才具生命力"。

三、无视教师自身实际

教师精力有限，不可能面面俱到。因此，在建设班级过程中，只需要抓住几个重点方面即可，如果是比赛，则更要将日常实践中那些最重要的内容提炼出来。

教师时间有限，在班级里策划系列主题班会课、举办特色活动，都是可以的。很多班主任希望在班级开发班本课程，一套课程有二十多节，这就多多少少有些耗费精力了。如果说学校有统一的项目组牵头，班主任参与其中，并在自己班级落实授课，这是可以的。

教师资源有限，协同育人可以邀请优秀家长分享经验，可以邀请校企合作来讲专业知识，也可以请其他同事来助力课堂，但我们看到的是，很多班主任策划带班级走进当地企业、走进法院检察院，甚至会有各行业大咖纷纷露面支持。如果真能做到，那自然是最好的。但是如果做不到，为了"方略"而去杜撰，别人不免怀疑——一个小小班主任，怎么那么大的能量呢？因此笔者建议，能力达到什么程度，就如实做到什么程度。

四、脱离地区经济文化实际

这也是很多班主任容易忽视的问题。要善于挖掘学校文化和地域特色，把带班方略与家乡的发展变化联系起来，这样格局更大站位更高，具有非常强的系统性和前瞻性。如内蒙古的班主任关注人工智能，就不如关注草原文化对孩子精神气质的影响，关注牧场未来在哪里更符合学校文化和地域特色；四川班主任可以关注川蜀美食、竹编技艺和变脸川剧，以及彝族火把节、康定转山会等少数民族文化给当地带来的影响。

我们的方略不是为了比赛，而是为了把这个班级带好，促进学生全面发展，提升班主任专业素养。因此，要一切从实际出发，再回到实际检验，好高骛远脱离实际是万万要不得的。

带班育人方略之锚点：强力击穿育人目标

在物理学里，"锚点"指"定位与参照的支点"。带班方略里的"锚点"，意思是班主任在实现班级育人目标时所参考的支点。锚点非常重要——每一个锚点的设置，都是对方略主题表达的一次巩固。锚点用好了，方略育人路线会非常清晰，整个作品聚焦而具特色；锚点用不好，作品就是一锅"大杂烩"，里面什么都有，又什么都不像。本文试以2023年广东省青教赛高中组王洪玲老师《蒿草青青报春晖，呦呦丹心系家园》（原文请关注小红书2023广东省青教赛班主任比赛视频）为剖析文本，让我们看看班主任是如何利用锚点来击穿育人目标的。

开篇之始，王老师就说"习总书记曾多次强调科技强国和弘扬科学家精神"，直接引出方略主题，这是**锚点一**。接着说2015年屠呦呦荣获诺贝尔化学奖，既是对上文习近平总书记讲话的回应，也顺势引出选手作为化学老师担任学校理科创新实验班的班主任，这是一个非常精彩的**锚点二**。之所以精彩，是因为她抛出来的这几个词都有令人无限遐想的空间：化学老师当班主任是什么风格？理科创新实验班跟一般的班级有什么不同？王老师话锋一转，不提屠呦呦，而是从屠呦呦凭借获奖的植物——青蒿入手，挖掘青蒿的坚韧，赋予青蒿科学家的品质，从而将"青蒿""像屠呦呦一样的科学家""爱国""坚韧不拔"等元素紧密联系在一起。"如青蒿般坚韧，像科学家一样奉献"的育人理念应运而生。这是**锚点三**。

班情分析最有意思，"三发扬"："学生学习能力强"，说明学生有进行科学教育的良好智力基础；"家校社教育合力大"，意味着对学生进行科学教育有强大的支持系统；"学科兴趣浓"，说明学生对科学教育有强烈的主观热情。"三提升"："自我中心"，需要提升团结协作能力；"关心小我"，需要多多关注国家；"过分在乎分数"，需要引导学生把知识用在具体的情境和生活实践中。"三发扬"和"三提升"没有一句废话，句句围绕育人目标进行阐释分析。这是**锚点四**。

很自然地，学生的培养目标是"敢创新、爱祖国、乐奉献，做具有科学家精神的时代新人"，而"勤于思考、善于研究"既是班级共同体的建设目标，也是学生核心素养的培养目标。这是**锚点五**。

在建班思路上，王老师提出"高中三年沿着'共生、共济、共荣'三个阶段推进，以'种青蒿、研青蒿、悟青蒿'三个主题展开，以'寻科学家榜样、学科学家品质、扬科学家精神'为德育线"。纵轴其实是两条——学生的高中三年和青蒿成长的三阶段，横轴就是通过研究青蒿来领悟科学家精神。纵横立体感非常强，同时也把班级学科核心素养的培养和班级的育人目标有机融合在一起。王老师提出"一核三层共同体模式"，三层值得关注，包含生命教育、科学教育和爱国教育，这是**锚点六**。

具体措施做法就更有意思了，按照"种植青蒿——研究青蒿——领悟青蒿"三大主题，高一走进农科实验基地种植青蒿，观察青蒿成长过程，绿色环保、生命教育、科学思维孕育其中，并且还提出颇具特色的青蒿文化；高二走进学校实验室提炼青蒿素，研究青蒿素的结构、性质和优化，重走诺贝尔奖之路，像科学家一样思考，让学生了解科学家、理解科学家、激发当科学家的热情；高三通过三个活动来进一步了解国家技术发展的瓶颈，领悟科学家精神，并再次强化国家才是科学发展的最大保障，是科学家的最终归属。最终发出"科学无国界，但科学家有祖国"这样振聋发聩的呐喊。这是**锚点七**。

带班特色一句话点出方略核心灵魂，具有画龙点睛作用。这是**锚点八**。

在带班成效环节，一般情况下，班主任会将班级荣誉和学生奖状进行堆砌，这样的做法千篇一律，没有新意。而这位班主任另辟蹊径，从学生素养、老师能力和班级动态三个角度来凝练，笔者认为这是极有水平的地方。从前面一系列措施做下来，学生研究力强、教师引领力强、班级成长速度快，极其自然丝滑。这里还有班主任的一点巧思，班主任以身示范去贵州送教，本身也是具有爱国大局观的一种体现，这是**锚点九**。

最后一句话"愿我的学生都有科学家精神，为科技强国蓄积磅礴的力量"，既是对学生的寄语，是班主任的愿景表达，也是对整个方略主题思想的凝练升华。会做减法，善于聚焦，围绕育人目标反复击透一点，将德育目标与学科素养融为一体，将班级建设与学生个人发展和国家繁荣昌盛紧密联系在一起，这实在是非常优秀！这是**锚点十**。

2021年教育部颁布的比赛文件要求，"带班育人方略……做到成体系、有特色、有创新、有实效"。巧妙设置锚点，强力击穿育人目标，让方略更有特色，更有实效性。在设置锚点时，需要将方略中的各个元素进行有机结合，在几个环节进行逻辑上的梳理和勾连，这样锚点的设置，才能让方略呈现出最大的效果。

带班育人方略之创新点：从实践中提炼活动体系

在带班育人过程中，班主任在实践中的具体做法是核心内容，是班主任采取的**具体化、系列化、特色化的班级管理措施**，是由点及面、有本有末的班主任工作实践体系。很多班主任都发愁，做肯定会做，但是要表达，要提炼就有难度，到底怎么提炼呀？

一、把常规管理措施系列化

在梳理和归纳日常工作的基础上，升维成系列化措施。要想打造拥有特色的方略，班主任需要将自己平时工作实践中学生思想品德教育、习惯培养、学业提升、核心素养提升等方面的做法加以总结归纳：哪些工作卓有成效？为什么要这样做？班级有哪些变化？学生有哪些提升？串点成线，连线成面，聚面成体，班主任需要多角度、多维度切入，并全面升维常规管理措施。

例如，某班级生源来自经济落后社区，家长忙于生计无暇顾及，学生各方面发展都有待提升；班主任围绕"积微成著"的带班理念，关注学生个性发展和核心素养的培养，将日常管理措施提炼为五个"微活动"。"微档案"——学生每一点滴进步都记录在个人档案里；"微班会"——每天 15 分钟解决班级一个问题；"微活动"——为班级设置重要节日，开展不需要太多准备的小活动；"微团队"——根据实际情况可随时组合调整的微型小组，灵活度非常大；"微任务"——每日布置一个讨论主题，激发学生探索思考的兴趣。

这些管理措施都是常见手段，并没有什么新意，但班主任紧紧扣住班情，以"微"为切入点，将常见的管理措施进行具体化和系列化，这个过程就体现了统筹设计能力和提炼升维能力，而这种能力，本身就是班主任必备的基本功。

二、挖掘已有资源，将班级活动特色化

形成富有特色的方略，需要班主任挖掘已有资源，可以从自身成长经历、性格特点、所带学科等方面做自我分析；可以结合所在学校的历史积淀、人文环境进行分析；可以结合所带班级的实际情况，从学生的兴趣爱好、认知水平、所学专业等方面做学情分析；还可以分析当下时代的典型特征，带班既要"坚守共性特征有传承"，也要"围绕个性特征有创新"。以下几个案例，可以提供一些思考角度。

（一）体现当下政策和时代潮流

带班方略可以从宏观视角去审视，体现当下社会文化属性以及时代潮流。如2020年教育部指定内地各省市57所示范性高中择优录取西藏和新疆初中毕业生，与本地学生混合编班，共同学习，打破原来相对隔离的班级管理形式，此举成为内地支援西部地区教育的一种新形势——散插班。

2023年全国班主任基本功展示交流案例《我们都是石榴籽，同心共筑中国梦》就是在这样政策背景下的一部优秀作品。班主任所带的"石榴籽班"处处体现该班级承载着非同一般的历史使命和政治意义。作品的活动体系中，班主任提炼了粤藏两地交融共建的三个系列主题活动：粤藏手拉手、粤藏民俗汇和粤藏中山行。其中"粤藏手拉手"包括"我在中山有个家"（与中山本地学生结对子，感受中山人带来的温暖）、"爱心义卖学雷锋"（推广粤藏两地助农产品）和"参加民族运动会"（为藏族孩子搭建展示平台）。

（二）融合班主任所教学科特色

班主任所教学科会成为影响班级精神风貌和育人价值追求的重要元素，一些班主任会将自己的学科背景充分融入班级文化建设中。

作品《蒿草青青报春晖，呦呦丹心系家园》中的青蒿班，班主任围绕屠呦呦因发明青蒿素而获得诺贝尔奖一事，策划了系列主题活动，激发学生探究宇宙奥秘的热情，鼓励学生向科学家们学习，这种充分利用班主任化学学科背景的做法，就是值得我们学习的优秀典范！

（三）凸显本区域经济文化特点

2023年，教育部组织开展的第二届全国中小学班主任基本功展示交流活动中，曾拿过"长三角"中小学班主任基本功交流一等奖获得者陈忠浩显得尤为突出，其方略《"稻梦空间"：多元育人助力乡村娃"三力"共进》就是一个凸显本区域经济文化特点的经典案例。

陈老师的学生大多来自乡村，与自然有天生的亲近感；家长大多以务农为生，具有较强的农耕技能；学校所在地曹村拥有国家级田园综合体和丰富的稻田文化。因此，陈老师以陶行知先生的"生活教育"为育人理念，将乡土资源融入小学课程，巧借丰富的农业资源，以稻作文化为依托，结合儿童特有的精神品质，师生共建无边界课堂——"稻梦空间"，让乡村教育成为传承乡土文化的高地，助力乡村娃打造属于他们的"禾下乘凉梦"。

在陈老师的带领下，"稻梦空间"的孩子们除了国家必修课程，还有一套符合本地区经济文化特点的班本课程——二十四节气农耕课程之夏耕、秋收和冬藏三个系列，举办了"一粒米的前世今生""稻米创意变身""为曹村的水稻开一场发布会""我的禾下乘凉梦"等活动，从农业出发再回归农业，所学皆用于实践，以振兴乡村教育赋能乡村振兴，充分发挥教育在乡村振兴中的基础性、先导性作用。

带班育人方略之热点：文化浸润下的意象表达

经过近几年大量的德育指导和班主任研究工作，笔者可以笃定地说，在班级建设过程中，如能用文化育人，而不是用制度管人、用人管人的话，带班实效会完全不一样！如果能用中华传统文化来引领学生的全面发展，凸显"文化自信"在班级管理过程中的作用，运用文化浸润进行意象表达，这种带班方略就是最有魅力的！

2021年习近平总书记在全国文艺座谈会上讲过："希望大家再接再厉……用情用力讲好中国故事，向世界展现可信、可爱、可敬的中国形象。"笔者认为，在班主任比赛中，每一个项目都可以讲中国故事，成长故事可以，主题班会可以，情景答辩可以，带班育人方略当然也可以！

那么在带班方略里，如何讲好中国故事体现文化自信呢？要从班级精神文化打造、方略框架背景表达和优秀文化活动策划三个方面进行。

一、精神内涵丰富的文化符号和意象表达

具体说，在班名、班徽、班训以及班级共同愿景中，要用富有内涵的意象来表达班级的育人理念，传递班级的精神气质，呈现学生的文化属性。

班级取名极其重要，取不好就适得其反。如小学常见的有向阳班、彩虹班、蓓蕾班等，初中的雄鹰班、星辰班，高中的笃行班、弘毅班、博学班等，这些班名不是不好，但都很常见，缺乏新意。

怎么取班名呢？我们可以根据学生年龄特点，如小学以具体意象为主，植物、动物以及孩子们熟知的动画人物都可作班名，譬如，"小水滴

班"，每个孩子就是一个"小水滴"；"小鲲班"，鲲鹏是中国传统文化中的神兽，每个孩子都是一只小鲲。初高中可以抽象一些，如有人用名人取班名，广东省实验中学的"南山班"（该校是钟南山院士的母校），深圳北师大附属学校有"钱学森班"（钱老是北师大附中校友）。

如"驼铃班"是某所中职学校外贸专业的。中国对外贸易历史源远流长，古有张骞出西域典故，现有"一带一路"国策，当时陆地常见运输工具就是骆驼，因此用"驼铃"意象来表达贸易文化的优良传统，很是生动形象。

再如，"二酉班"，据说秦始皇焚书坑儒时，有识之士将经典书籍藏于二酉山的山洞里，后刘邦将此山封为"天下名山"，封此洞为"文化盛洞"，此名意在激励学生诚心问学、成就自我。一山一洞，这个意象的表达，散发着浓浓的文化味儿！

二、整个方略框架背景的表达

这一点不容易做到。笔者认识一位班主任，她工作的学校建在城中村附近，学生主要是村里的孩子，村口有一口大井，以前人们就吃这口井水，现在虽然没水了，但还一直在那里，班主任就给这个班取名为"大井班"。整个方略框架体现了班主任的精心建构：教师引导孩子们汲取大井精神、坚守文化之根，在繁华而又迷茫的城市中找寻属于自己的定位，激发孩子们对建设社区的渴望和憧憬。笔者认为，这就是一个精彩的中国故事！改革开放的痕迹、城市变迁历史，在作品里都能窥得一斑，这就是该方略的魅力之处。

还有一个班级，班主任非常喜欢书法，在其影响下，学生们也对书法产生了兴趣。因此，她以"韶墨"为班名，以"研墨慎思·勤书致远"为班级文化内涵，既表达了挥袖泼墨、锐意进取的干劲与洒脱，也体现了班主任研墨运笔、平心求学的气定神闲，还寓意了班级笔酣墨饱、青春飞扬的书香氛围。用整个方略框架背景来进行文化浸润的意象表达，效果非常好！

三、优秀传统文化的传承和发扬

换句话说，就是要在活动策划上体现优秀文化的浸润和传承。我们来看小学低段的一个三年方略：班主任在班情分析里说，全班学生基本都是广东本地人，都能说粤语，而且在班级里经常用粤语交谈，因此班主任把"让孩子多讲普通话""用普通话讲故事"作为阶段目标。笔者认为，粤语是广府地区的方言，是岭南文化重要组成部分，应该让孩子们更好地传承和弘扬地域文化。根据笔者建议，班主任策划了一个叫"粤唱粤好"粤语童谣比赛活动，在班级里引起强烈反响，获得孩子们和家长的一致好评。

再如，某中职班主任带的是音乐班，她以"宫商角徵羽"中国古代五声音阶为元素构建学生评价体系，分别对应"品德""学业""健康""审美"和"创造"五个方面，学期末评出一批优"士"，如审美突出的学生，获得"徵士"荣耀，并佩戴"徵"字小篆体徽章。这个也带有浓浓的文化味儿，非常有意思。

中国文化是含蓄蕴藉的文化，无论是诗词文章还是雕刻画作，多采用意象表达丰富的文化内涵，我们在班级文化符号设计时完全可以借用这些优秀的中华传统文化。华为创始人任正非说过，"华为的企业文化就是生产力！"在班级管理上，那就是——**班级文化就是教育力！方略的文化意象就是吸睛力！**在文化浸润中进行意象表达，体现中国文化的自信，是当下热点也是难点，因此在文化和意象上下功夫，辛苦但也绝对值得。

带班育人方略之泪点：点滴故事巧妙嵌入

2024年4月，笔者受邀参加某市中职班主任专业素养交流活动。到达当天晚上，与活动组委会的小姑娘聊天，她提到：一个年纪轻轻的班主任把大家都讲哭了。笔者非常纳闷，成长故事能把听众讲哭，带班方略也能讲哭？小姑娘卖了个关子：明天您是活动点评专家，会不会哭您很快就知道。

第二天在活动现场，那个班主任又一次把大家感动了，笔者不由感叹：班主任里真有高人，如果实践带班没有用心没有全情投入没有智慧生成，光是讲述怎么会那么煽情呢？这个带班功底绝非一般人！从那以后笔者对于方略的认知和视野就又被打开了——方略中嵌入故事，会产生神奇的效果！

也许有人会质疑：带班方略就是带班方略，成长故事就是成长故事，这是完全不同的两个东西，如何把故事插入方略中呢？这里面大有说法。笔者将近年来优秀的带班方略作品反复研究后，提炼出三种故事嵌入方略的方式，下面举例来阐释。

一、方略的框架就是个故事

一般来说，这种模式的方略以故事开始，以故事结尾。中间主体部分，既是方略本身，又是故事情节得以推进发展的重要环节。如果方略讲述时间较短，5分钟以内要求说完，那么故事就不能太长，前面四五句话勾画故事背景，末尾两三句话收尾表态。用故事来搭建方略框架，本身很有难度，但不乏有勇者尝试。

刘老师的班级女生有40多个，男生才8个，性别严重失衡，男生形同小透明，人称"沉闷女儿国"。学校运动会上，男生人不够拿女生来凑，女生十万个不愿意；搬书等体力活女生干不了，把男生推出去，发现男生也怨言满天。刘老师的前缀故事虽然有点长，但在真实细节的加持下，我们仿佛看见男生耷拉脑袋无精打采的场景。

面对这种班级怎么办呢，刘老师从性别不平衡角度切入，开发了"Ta 系列"课程，帮助男女生角色认知、互助、融合，让学生看见自己、看见彼此、欣赏彼此，引导学生不管是什么角色，都应该勇于去承担、去演绎、去绽放个人风采。方略最后，刘老师展示"Ta 系列"育人效果：男女生在实践中交融生辉，他们穿街走巷合作完成了多场乡土文化考察报告，模拟联合国上女性声音与男性声音协同作用，带领班级走上冠军台。最终，班级男生和女生完全融合，"不必分清哪个是男孩哪个是女孩，他们终将汇聚成未来中国的力量"。用故事作框架，把方略套里面，高明不高明？

二、方略的成效里有个故事

这种模式较为常见：在带班方略的特色成效部分，嵌入一个故事来说明带班实效，用感性诠释理性，这种会增加方略的感染力。

一位班主任用自己与学生阿琳之间"师生共同成长十年"的故事来诠释班级"育人育己有实效"。她说，在如此育人模式下，班级学生获得了巨大进步，比如，阿琳后来成为一名"非遗"贝雕传承者和一家广告公司的合伙人，被评为"粤港澳十大杰出青年"。这么多年来，我们一直保持联系，互相鼓励，亦师亦友，共同进步。

班主任接下来说的话极为精彩：当初设定班级目标时（培养爱党爱国、自信自强、谦虚有礼、志存高远的新时代好少年）还担心目标有点太远，学生达不到，如今从阿琳的成长履历中却看到了教育的延时性和滞后性。这个故事讲得太精彩！虽然阿琳一个人的成功经历跟带班实效之间并没有严谨的因果关系，但是在展现带班实效时，班主任打破列举奖状、播放视频的常规做法，而是以阿琳的成长故事来论证带班的终极价值和意义，虽冒险但效果却非常好。

三、育人理念背后有个故事

一般班主任讲育人理念都是直接亮出来，有的班主任在讲理念之前会先讲故事，然后把故事里所蕴含的哲理提炼出来做育人理念。一位班主任在分析班情时她说班级学生呈现"学习躁""纪律躁""性格躁"三个特点，怎么解决呢？班主任开始讲故事：世界球王李惠堂为中华力量而踢球，他在国际球场上与队友们守望相助、精诚合作，即使在动荡年代里也能继续坚持梦想，他身上所体现的爱国、团结、坚韧的精神不正是班级需要的班魂吗？于是在李惠堂名言的指引下，班主任以"爱国立志""团结聚能"和"坚韧助行"，凝结成"铸球王之魂，塑出彩学子"班级育人理念。

柏拉图说："谁会讲故事，谁就拥有世界。"莫言发表诺贝尔奖感言说："我是一个讲故事的人，因为讲故事我获得了诺贝尔文学奖，我获奖之后发生了很多精彩的故事，这些故事让我坚信真理和正义是存在的。"

在方略中运用故事，实际上就是将道理、事实、数据等信息，在多个维度丰富起来，关注情感因素，关注细节表达，让听众从听觉、视觉、情感、想象等多方面来体验，得到真实丰富的多层次感知。你说，效果能不神奇吗？

案例分析
北斗照亮成长路：一场教育星光的温柔革命

【方略内容】

古籍《鹖冠子》有言："斗柄指东，天下皆春；斗柄指南，天下皆夏；斗柄指西，天下皆秋；斗柄指北，天下皆冬。"自古，北斗就是天干地支的重要标识，古人依照它来定四时、分寒暑，是银河中的一处明亮独特且有深刻价值的星象。而北斗班的小星辰们，也同样是一群焕发自我价值感、闪耀独特星光的孩子们。

二年级时，和孩子们相约夜观星辰，找寻自己最喜欢的星星。这个勺子形状的斗柄星象便当选当晚的"最受喜爱星星"。孩子们童真地说，要拿着它去舀起更多的星光。北斗，这个隽永深刻的中国古代文化标志，变成了孩子心目中光明美好的班级文化意象。"北斗班"就此诞生了。

斗转星移，孩子们已经毕业两年了。六年间，我们一同见证了星辰宝宝们成长为焕发独特光芒的熠熠星光。这些星光将闪耀于银河，甚至银河之外。

一、班情分析

在一群星星当中，总有不同的星光，有的星星甚至还未被"看见"光芒。"北斗班"的孩子们也正是如此，有着不同的个性特征和成长需求。

从个体来看，班级孩子的个性差异较大，"星力"表现不同，呈现星光各异的形态，如表1-1所示。

表 1-1　班级孩子的个性差异性

调研方式	"星力"不同	差异点体现	成长期待
学校信箱家长座谈数据对比	普遍存在年龄差，最大年龄差近两岁	1. 心智发育：大的孩子脑部发育较快，接受新事物能力较强；较小的孩子则偏幼儿化 2. 身体发育：大的孩子手部肌肉发育较好，能掌握各项运动技能；小的孩子个头和四肢发展较慢，例如，握笔等细小动作掌握慢，低中段学习基础受影响	展现"星力"亮点
课堂观察课下接触活动调研	男女生比例也有差距，全班42人，男生27人，女生15人	性格特征明显： 1. 男生较多，班级氛围偏向活泼、躁动 2. 男女兴趣偏差大：男生有28%喜欢编程、34%喜欢研究宇宙科学、45%喜欢足球；女生中有22%喜欢编织、37%喜欢跳舞、55%喜欢服装设计	

除了差异性，班级中还存在共性特征，并有两面性特点。共性特征凝聚成整个班级的"星系"光芒，如表 1-2 所示。

表 1-2　班级孩子的集体共性

调研方式	"星系"大同	两面性体现	成长期待
观察同伴事件感知活动观察	能团结、重感情	普遍懂得接纳和包容	凝聚"星系"光芒
课堂观察活动调研团体观点	不主动、怕试错	不敢尝试新事物，不愿动手探索	

除此之外，班级还有一些"孤星"，他们是需要格外关注的孩子：一名听力 90% 受损的儿童；一名患癫痫且影响大脑发育的孩子；一名躁郁症儿童和两名情绪管理失控的孩子，还有五名家庭父母离异和两名隔代抚养的孩子，如图 1-2 所示。因许多客观因素的存在，孩子的教育更显差异性的需求特征。

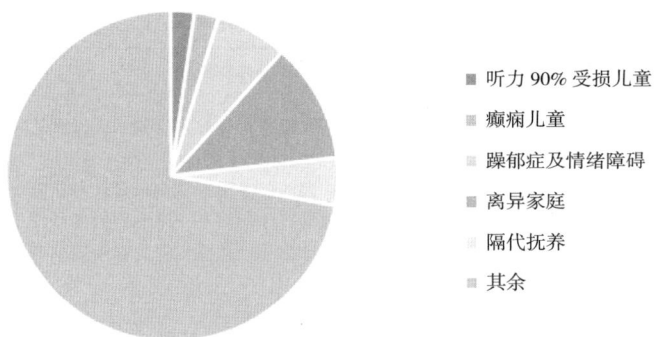

图1-2　班级孩子"孤星"所占比例

听力 90% 受损儿童
癫痫儿童
躁郁症及情绪障碍
离异家庭
隔代抚养
其余

二、班级发展目标

古人依据北斗星分辨四季时节来耕作劳动，"北斗班"依循儿童身心发展规律制定育人目标，如表1-3所示。

表1-3　班级育人目标

总体育人目标			
建立包容、正序班级生态，创造丰富的机会平台，让每个孩子都找到积极的自我价值，让每个孩子都焕发独特光芒			
身心发展阶段目标			
1~2 年级	春	个人	感受自信快乐　涵养内心秩序
		集体	形成宜人生态　创造和谐环境
3~4 年级	夏	个人	体验多元活动　探索各种可能
		集体	凝聚成长热力　汇聚积极光能
5~6 年级	秋	个人	体验丰富成就　品味成长果实
		集体	自营平台项目　共生美好绽放
6 年级末	冬	个人	备藏新光能量　收获美好信心
		集体	回顾成长收获　笑迎来年之春

目标立足于立德树人的教育根本任务，依循四季不同的成长特点，尊重儿童身心发展规律，着眼于学生低、中、高三个阶段身心发展特征，注重孩子们"星力"的个性闪亮与班集体"星系"共生共长的结合，以促进星辰们的全面发展和"北斗班"的蓬勃向上。

三、育人理念

1. 专注建立正向教育场域

古人认为好的教育者应是"太上，不知有知"的。作为施教者，应隐去"施力者"的身份，施教而不施力，专注建立正向的"教育场域"。尽力为孩子创造良好的教育环境和学习氛围，让孩子们浸润在春风化雨、润物无声的美好教育环境中，潜移默化地将主观动能化作良好习惯和内在能量。

2. 遵循儿童身心发展规律

就像耕种者遵循四季时节规律那样，教育者也要把握儿童生长发展过程中的"春夏秋冬"，把握属于教育的时节。

3. 注重知行合一的力量

陶行知先生曾说："知行合一，生活即教育。"在儿童成长过程中，教育者应创造丰富的成长机会，"知行合一事上练"，通过活动体验，让每一个孩子焕发独特的"星光"。

四、实践做法

（一）"三星系"环绕，发现蕴藏的星光，如图 1-3 所示

小学阶段的儿童有着独特的身心发展特点，从入学开蒙到逐级蜕变是一个"发现探索——体验感受——内化经验——提升能力"的过程。因此，班级包容鼓励的班风和充满生机的制度就格外重要，能起到点亮心光、播下火种的作用。

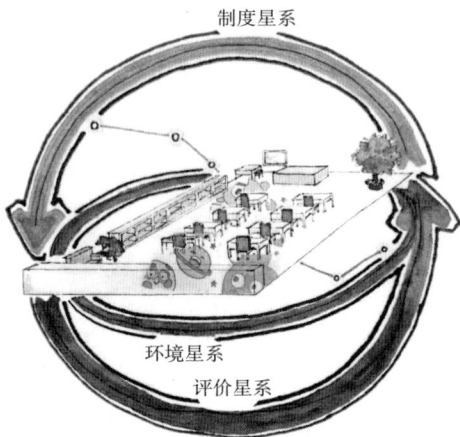

图1-3 "三星系"环绕形态手绘图

1."环境星系"塑造正向氛围，如图1-4所示

教室是"北斗班"的一片乐土，它不仅是一间摆满桌椅的课室，更是一处见证童年成长百味的生活空间。在这里，星辰们可以学习新知、合作交往、自由表达，尝试多元发展，如表1-4所示。

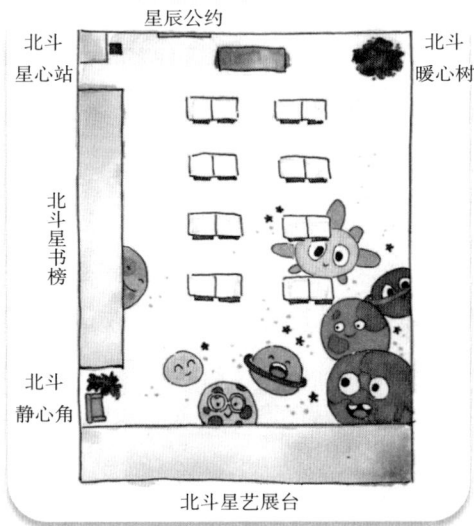

图1-4 "环境星系"俯瞰手绘图

表 1-4 "环境星系"多元发展

环境星系	星辰参与度	由来与作用	环境场景
星辰公约	自主讨论 班会生成 共同运营	星辰公约是在"让好习惯相伴，让小星辰更闪耀"的主题班会课上诞生的。我们发现，有很多好习惯还未养成，有很多行为对他人是种打扰，班级的北斗小队们讨论后共同确定了班级的十则公约	—
北斗暖心树		在这里，孩子们可以写下悄悄话，来表达情绪和表达感受。这里经常会有班级的日常观察者出现，就像一面窗口可以看见班级的状态	—
北斗星书榜		班级书友队的流动书籍存放在这里，推荐书籍放在最首位，并且有孩子们自己写的推荐语。这里的图书是开放的，观点和知识也是流动的	—
北斗星心站		因为班级有特殊儿童，所以当他们的学习遇到困难时一对一互助组会在这里给予帮助，比如，在这里给听力残障的孩子补报听写，也有班级医疗箱等设备给体育活动受伤的孩子紧急处理	—
北斗静心角		这里是班级里放松和阅读的安静角，有一个向内摆放的小沙发，四周有图书和绿植。当情绪失控的孩子无法控制自己的行为的时候，也会到这里坐一坐，平静情绪，所以这个角落也相当于班级的心理健康角，是孩子们的"情绪平衡木"	—
北斗星艺展台		班级的非遗文化课程的作品成果都在这里展出。这些作品本身就是艺术品，到了期末拍卖晚会时会进行拍卖，爸爸妈妈也会受邀来参加拍卖活动	—

2. "制度星系"搭建效能机制

（1）游戏运营制。

起因：因班级里男生多，不免爱玩、好动。有段时间，男孩们一下课都一窝蜂地在教室和走廊里打闹、抓人，有时还打起来。

为了让好动的孩子也能将"玩心"转化为班级建设的"内在动能"，班级遂开展题为"课间游戏如何玩"的主题班会课，设置了游戏运营部门。按游戏类型分为游戏圈，发明和经营该游戏的人则为圈长。表 1-5 为游戏运营表。

表 1-5　游戏运营表

游戏圈	圈长职责	成员公约	评价方式
闪身躲避球	每节课间寻找空旷活动场地；号召大家定点集合；说明落实规则，负责记分；协调战队人员配比	遵守游戏规则；爱惜游戏设备；尊重圈长安排；注意安全；多与大家分享快乐；积极传递"星光"能量	1. 圈内投"星光"能量总数 2. 邀请有多圈游戏体验的成员做点评打分 3. 邀请老师参与体验并点评
定位滚铁环	熟练掌握滚铁环技能；号召大家定点集合；能一对多示范；能看见成员的进步		
小羊过桥	熟悉游戏规则；能找到空旷场地；桥体定期维护；能增设有趣的奖励和惩罚		
快乐揪尾巴	号召大家定点集合；能维护设备、避免丢失；注意组织成员趋避人群；能增设有趣的奖励和惩罚		

游戏经营制将班级课间危险游戏现状"转危为安"，转化星辰们的思考力和行动力为建设力，增加自我效能感，并以此带动全班参与进来，用游戏小循环带动班级秩序感的大循环。

（2）班干卫星制（+班级工作清单）。

"北斗班"的所有班干岗位皆设有主星和卫星职位。主星负责统筹管理，卫星负责协同共建。双人同行、双轨并进，大大增加了班级管理的效率，并且在互动管理的过程中诞生了许多管理班级的智慧，经过不断迭代，形成了"班级工作清单"（表 1-6）。

表 1-6　班级工作清单

职责范围	执行清单	优化方式	清单迭代
学习岗位 主星：课后随记各组思维活跃度指数和倾听指数，据此对班级学习状态进行周期总结 卫星：各学科的作业收发	由历届经验迭代而成，孩子们自写自改、不断补充清单，列明每个岗位需要做的是什么、该怎么做以及应急方案 Plan B 等	主卫星：采访各上课老师的意见 北斗班全体：聆听学习主星对班级学习状态的总结，针对性调整	—

职责范围	执行清单	优化方式	清单迭代
生活岗位 **主星：** 细心观察日常生活需求，给予跟进提醒和工作总结 **卫星：** 每日早餐分发，以及班级空气流通、温度冷暖和灯光明暗的调控	由历届经验迭代而成，孩子们自写自改、不断补充清单，列明每个岗位需要做的是什么、该怎么做以及应急方案 Plan B 等	**主卫星：** 采访班级同学生活感受 **北斗班全体：** 节约用电、杜绝浪费	—
卫生岗位 **主星：** 组织值日、督促效率 **卫星：** 值日后的洁净度检查		**值日小组：** 学习高效值日技巧，总结卫生死角和疏漏点，提升值日专业度 **北斗班全体：** 聆听值日组长每日小结，进行改进	—
组织宣传岗位 **主星（主编）：** 班级活动、板报出版、公众号管理 **卫星：** 设计、策划、美编、校对等工作		**主卫星：** 活动前策划会，活动后总结会，读者反馈 **北斗班全体：** 做好后勤辅助工作	—
情绪管理岗位 **主星：** 暖星树留言筛选整理，留意情绪信号 **卫星：** 发生情绪冲突时及时给予调解		**主卫星：** 与班主任及时沟通 **北斗班全体：** 学习正确表达情绪的方式	—

班级管理工作并不是孩子天生就会的技能，有时候孤掌难鸣。当主卫星携起手来共同进退时，互相就有了依靠和动力，伙伴之间的能量更能提高工作效率，促进工作能力的产生。

并且，在一代代的清单迭代优化之后，班级各项工作变得有序化、高效化、专业化，新上岗的主卫星也立刻能在原有的清单基础上开始工作实践，并能就此思考优化。有了这个抓手，星辰们能站在更高的格局自主思考班级的建设了。

可以说，"班干主卫星制"和"班级工作清单"是两样孩子们自主管理班级的法宝。

（3）星光能量制。

每个小星辰在每一天里都会做许多事情，星光能量制将日常的小事、好事、美事都化作可见的"星光"。

整个过程都在孩子中间自由开展，由孩子善于发现的眼睛"看见"，再由孩子自主进行相互鼓励。

当学期告一段落，星星数最多的一批孩子将获得"闪亮星辰"奖。以此荣誉来鼓励、延续和传承"北斗班"善意温暖的班级特色精神文化。

3. "评价星系"蕴蓄积极能量

在"北斗班"，每个小星辰都是直接参与班级管理的重要成员，每件事大家都会当作自己的事来做。为了建立和维护这份"人人给予、事事用心"的正向班风，班级设置了多元评价机制来对其进行鼓励和夯实（表1-7）。

表1-7　多元评价机制

多元评价	评价标准	呈现媒介
自己	四个角度进行剖析： 1. 我有什么新收获 2. 目前最愿意尝试的新方向 3. 有什么地方值得其他人学习 4. 我要学习其他人的什么优点	七芒星力图
小组	遵守"3+1"的准则，即3个优点搭配1个缺点	星辰互评表
老师	过程性评价。每阶段会针对每个孩子最突出的个性特点、品格发展重点、学习上的关键点来呈现进步或退步的趋势，帮助家长和孩子跟进	优势曲线图
家长	更注重孩子学习兴趣、学习态度以及家庭贡献值的表现	家庭交流单

其中，最基础的就是孩子的每日互评系统，即前面所述的星光能量板。它既是班级中"个体"互相鼓励的方式，又是"班集体"评价奖励机制的基石。

（1）故事能量奖励评价——日常。

有了星光能量的积攒，就有了班级总体表现的评价和奖励方式。班级中最被看重的奖励是一种很朴素的非物质奖励——听好故事。

三年级前，孩子们每日积攒"星光"，积攒故事能量（表1-8），当这个能量条攒满的时候，就是孩子们最兴奋期待的时刻——听我讲一个好故事。这一刻到来时，大家会像过节一样，在教室里选一个自己喜欢的位置，甚至席地而坐，准备享受好故事带来的满足与快乐。

四年级后，班级里组建了"北斗书社"，孩子们自主形成了书友队，这份故事奖励就慢慢过渡成了书友队间推荐好书的活动。孩子们非常珍惜这个机会，能向同学"安利"队里的爱书、能独立表达自己的思想，真是人生一大乐事。

表1-8　故事能量奖励表格

时间阶段	积攒能量方法	能量统计点	奖励兑换	赋能时刻
1~3年级	星光能量总数每日一评	黑板上的星光能量条	故事时间	
4~6年级	星光能量总数每周一评	书友队的星光能量条	"北斗书社"分享	

（2）"星力卡"评价体系——期末（图1-5）。

自评＋小组互评的有机结合：

每个期末，星辰们将自己的星光总数收集起来后，在"回顾成长之路"主题班会课上进行梳理与交流。

首先，孩子们会对这个学期自己的表现进行自评，自评时，先用"星力卡"来做一个自我评估，找出这个学期的优势星力。

其次，四年级后孩子们还会对小组其他同学进行组内互评

本学期新收获：　　　值得他人学习：

本学期新方向：　　　学习他人优点：

图1-5　"星力卡"自我评估

（图 1-6）。评价时遵守"3+1"的准则，即 3 个优点搭配 1 个缺点，学着让自己的观察和评价更客观、准确、立体。

北斗星辰期末互评表

（　　）-（　　）第（　　）学期

评价对象：＿＿＿＿＿＿＿＿＿

我眼中你的优点：

这一点如果你能改进就更好了：

图 1-6　小组互评

老师＋家长评价的良性环线：

在"北斗班"，老师评价时更注重过程性评价。每阶段会针对每个孩子最突出的个性特点、品格发展重点、学习上的关键点分别给出"优势曲线图"（图1-7），来呈现进步或退步的趋势，帮助家长和孩子跟进。

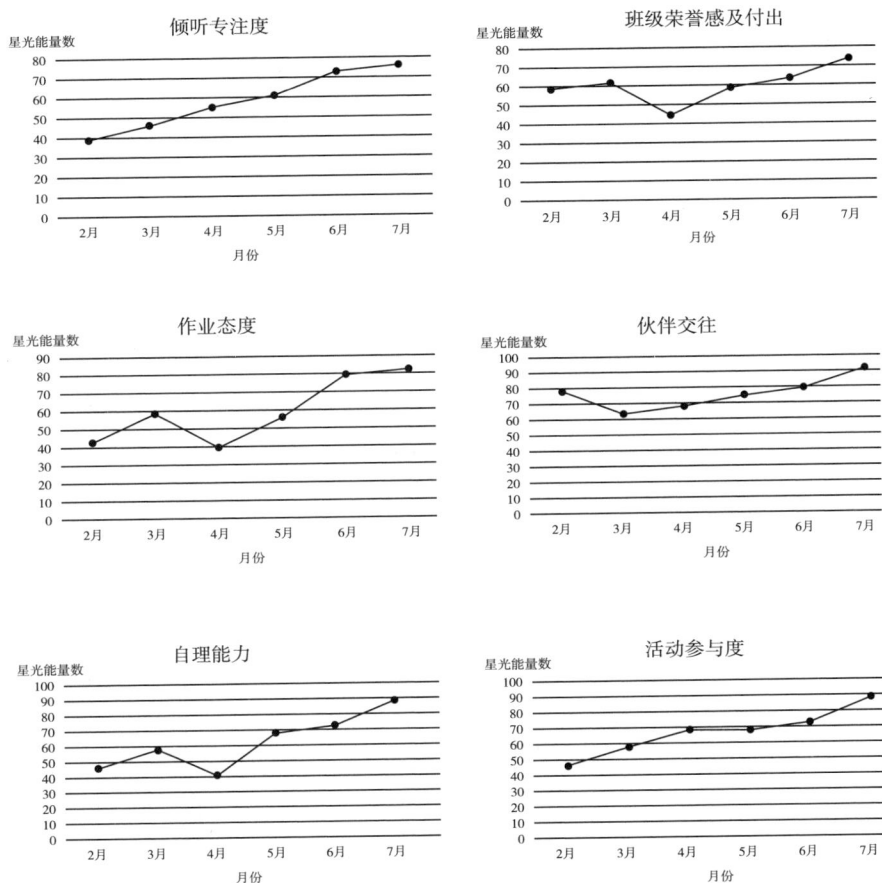

图 1-7　2019—2020 年度第二学期优势曲线图（黄诗程）

　　家长评价则更注重孩子学习兴趣、学习态度以及家庭贡献值的表现。班级会针对性地给予家长一份《家庭评价指导清单》（表1-9），家庭内先进行一次家庭会议，就各方面的学习生活状态边聊边评。避免家长评价成为家长权威一边倒的"批评教育"。

表 1-9　家庭评价指导清单

北斗班家庭评价指导清单			
20____—20____第（____）学期			
姓名：_____			
评价维度	角度	家长评价	孩子自评
家庭学业习惯及效果	作业书写态度		○○○
	作业完成质量		○○○
	作业过程中是否能独立		○○○
	检查作业习惯		○○○
家庭服务意识及工作、与家人相处的方式	生活自理习惯		○○○
	是否能主动为家人付出		○○○
	是否能照顾他人感受		○○○
	情绪表达方式是否合适		○○○
体育锻炼	体育锻炼意识		○○○
	体育锻炼时长		○○○
	是否能够坚持一段时间		○○○
	是否有挑战新运动的兴趣		○○○
兴趣爱好	课外兴趣爱好类型		○○○
	有无新的兴趣爱好		○○○
	为兴趣付出的时间		○○○
	最有成就感的事		○○○

这些评价机制带来的影响往往是潜移默化的、隐性的、悠远的，随着时间的推移，很多做法已经浸润在班级文化内在中，甚至辐射家庭文化，给家庭教育也带来积极影响。

（二）七星力聚，活动让北斗闪烁

为了让孩子们找到自己的人生方向，能在不同领域发光发热，"北斗班"建立了"明星活动"体系，帮助孩子们找到自己所喜爱的领域，成为一颗颗耀眼独特的星光。

"明星活动"分为七个方向，分别从"人格心育、审美情趣、生活能力、体育品质、多元思维、人文底蕴和合作创新"七个方面，做到由知到行、由行促知、知行合一，培养孩子们的核心素养，激发自我效能感。

活动是从低年级到高年级逐渐提级升华的，低段"涵品格、养基础"，中段"激兴趣、蓄成就"，高段"创平台、扬风采"（表1-10）。孩子们在潜移默化中得到尝试和自我展示的机会以及能力的提升。

"明星活动"中最有特色的三个环节分别是："育心绘本会""森林寻自然""北斗四季农场"。

一年级的"育心绘本会"，给班级孩子们提供了温暖向上的情感能量，按"向内""向外"两条主线进行，润物无声地立德树人，涵养了充沛健全的人格品质。

表1-10　培养阶段展示

培养方向	培养阶段			核心素养
	低段	中段	高段	
	涵品格 养基础	激兴趣 蓄成就	创平台 扬风采	
阅读星力	育心绘本会	新书推荐会	好书畅谈会	人格心育
自然星力	校园自然周	森林寻自然	环保星之行	审美情趣
劳动星力	小小生活家	北斗四季农场	教教小萌星	生活能力
运动星力	跳绳突破赛	奔跑吧北斗	铿锵足球赛	体育品质
科技星力	萝卜搭高塔	纸桥能承重	超远纸飞机	多元思维
非遗星力	创新皮影戏	草木染生活	大美中国服饰	人文底蕴
社团星力	秋季辩论赛	中外名著研究	"零废弃"校园	合作创新

二年级，孩子投身自然的怀抱中，去感受大自然带来的无声教育。我们基于"学科+"理念进行课程资源整合，利用语文、美术、劳动课堂的课程知识，从"美景、美文、美作"三个方面开展自然观察笔记。邀请家长深度陪伴，携手通过儿童的眼光去观察花草树木的拔节、山川

河流的瑰丽、星辰大海的磅礴。

　　三年级，从自然中归来的星辰们，带着对四季的好奇和大地的喜爱回到校园中，在北斗农场中大展身手。北斗农场根据四季特征开展活动课程，体验劳动的成长乐趣。并以"主体＋"理念协同育人，邀请爸爸妈妈也参与到课堂当中来（表1-11）。

表1-11　四季主题的活动

季节主题	活动内容与成果	课程结合
斗柄春·播种	分小队种下自己喜欢的植物，有瓜果、蔬菜和观赏花草等，进行"植物小画"制作	美术　劳动
斗柄夏·勃发	小队分区进行自主维护，与"零废弃"校园垃圾分类项目结合，利用易腐垃圾制作肥料	综合　劳动
斗柄秋·收获	应季收获的花草、瓜果邀请爸爸妈妈一起观赏、品尝，并结合"家庭小灶"活动做成菜肴	综合　劳动
斗柄冬·绿意	深圳的冬天是温暖的，冬天也能记录农场绿意，趁此观察植物生长特点，做科学观察记录	科学　语文

　　在这些自主活动中，孩子们亲自动手、自主跟进、自我收获，这份成就和快乐是无比真实的。用"学科＋"理念进行课程融合，孩子们的成果也更多元化、立体化；以"主体＋"理念进行多方协同育人，让北斗家长们也充分认同了活动课程的价值，积极参与进来。

（三）交相辉映，家校共育同托举

1. 开办家长星书院

　　班级中有"北斗书院"，相对应的，家长们也有"家长星书院"（图1-8）。用家长书友队的方式将家长的教育力量集结起来，为孩子搭建家校共育的助力平台。

2. 组织家长星社团

　　与孩子们的星力活动相对应，家长群体中也同步开设"绘画设计社""童诗吟诵社""自然徒步社""科技之光社""生活小灶社"等（表1-12）。

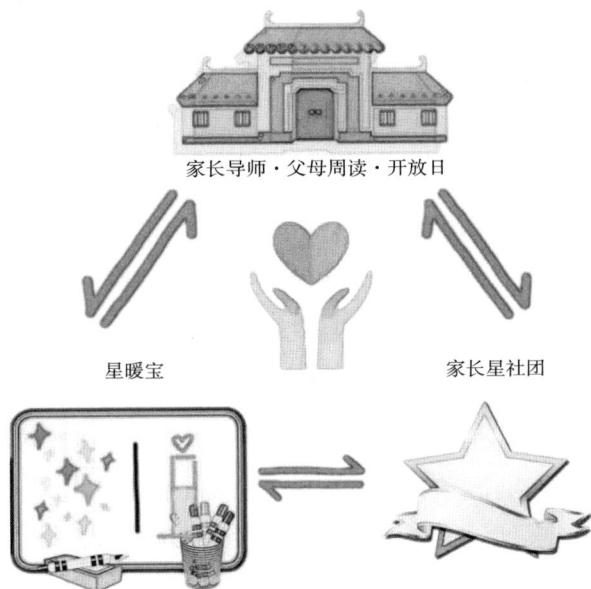

图 1-8　家长星书院图

　　在课堂教学外，将孩子和家长们的兴趣爱好做一个全新的匹配和重组，打破家庭单位限制，以"社团"为聚点，不同家庭的家长和孩子随兴趣加入，大家像朋友一样学习交流。

表 1-12　家长星社团表

社团	组建方式	活动方式	成果形式	风采时刻
绘画设计社			班级文化布置时展示才艺	—
童诗吟诵社			同学生日时送上好诗歌	—
自然徒步社	依照兴趣组合、不分家庭单位、成就带动行动	社长家长组织社员自由参与轮流主办活动	周末放松时用心探自然	—
科技之光社			校园科技节时代表参赛	—
生活小灶社			传统节日时露一手厨艺	—

3. 善用家长星暖宝

这是在亲子日常生活中的一项"沟通工具"，有效地引导家长们学习儿童发展观，学习与儿童沟通的方法，习得"温和而坚定"的交流态度，能正确地鼓励、支持和陪伴子女。在家长星社团活动中也可以同步用到。

其中，感触最深的是班级里几位因离异而没办法陪在孩子身边的父母，他们自从用了这种直观、温暖的方式去表达情感和鼓励之后，都表示在不知不觉中和孩子之间的关系拉近了许多。

（四）绽放光彩，将自我价值点亮（表1-13）

"北斗班"蝉联6年校"星级文明班级"称号，多次获得区优秀少先队称号。然而，最好的鼓励并不仅仅是荣誉本身，而是北斗星辰们身上焕发出的健康活力、人格魅力和极强的自我价值感。

班级里的听障孩子健康成长、顺利毕业，并且多次在运动会中获得男子田径项目第一名，同时也是班级足球队的前锋；躁郁症儿童也在家校共育的力量下得到了好转，毕业前摘掉了因躁郁症戴上的帽子，脸上重现灿烂笑容；癫痫儿童在班级开设专属的"编织工坊"，获得了极大的快乐和成就感，兴趣让她发光。

表1-13　绽放光彩

星光成果	星光表现	价值点亮	成就时刻
个性光彩	1. 小"孤星"们的成长与勃发 2. 与学校联合开办了2014届和2016届的非遗文化游园活动	1. 听障孩子、躁郁症儿童、癫痫儿童在各自领域发光发亮 2. 孩子们将非遗传统文化班本课程中的作品进行展览、拍卖，大受欢迎	—
小组闪耀	1. 班级北斗书社自主运营公众号 2. 自主运营B站视频号	1. 公众号在学校大受好评，有许多其他班级的孩子来投稿 2. 摄影社接到了"帮带请求"，在年级中的其他班级也开展了摄影教学 3. B站视频账号收获大量"自来水"粉丝，也让孩子们倍有成就感	—

星光成果	星光表现	价值点亮	成就时刻
集体绽放	深圳市"自然之友"环保公益机构与班级进行合作，在全校开展"零废弃"垃圾分类改造项目	自主行动，立足项目式学习，创编《垃圾白皮书》，改革用户习惯，并设计出一套有效的校园易腐垃圾回收系统	—

这一项目的投入，改变了校园垃圾分类的生活习惯，在学校广受好评，这也成为孩子们六年小学时光的点睛之笔，为他们注入了更大的自信，让他们可以整装待发、储备能量，做好准备迎接初中更多姿多彩的生活。

皎皎北斗，不啻微芒。"北斗班"的星辰们，在成长的路上不断看见、不断体验、不断收获，最终焕发出勃发的自我价值感，成为熠熠生辉的星辰。未来已来，孩子们，请带着这份成长星迹，去探索属于自己的星辰大海吧！

【作者简介】孙晨，深圳市南山实验教育集团鼎太小学教师，曾获2023年全国中小学班主任基本功展示交流活动教育部典型经验案例，2023年广东省班主任基本功展示交流活动特等奖。

【我来点评】

一、文化意象的深度浸润：北斗星辰的隐喻力量

北斗七星自古是华夏文明的重要符号，承载着指引方向、凝聚众力的文化意涵。孙晨老师将这一意象引入班级建设，赋予其现代教育的新生命。"北斗班"的命名不仅是童趣的偶然，更是教育智慧的必然。当孩子们用"勺子"形状的北斗星比喻去"舀起更多星光"时，传统文化就与现代教育产生了奇妙共振。这种隐喻构建了独特的班级文化场域：每个孩子都是独特星辰，既独立闪耀，又共同构成璀璨星系。

在具体实践中，"三星系"结构（环境、制度、评价）如同北斗的

斗柄，精准指向教育目标。环境星系打破传统教室的物理边界，将学习空间转化为生活剧场；制度星系以游戏运营、班干双轨制激活学生主体性；评价星系则通过星光能量板等可视化工具，将日常点滴转化为成长动能。这种将抽象文化符号转化为具象教育载体的能力，展现了教育者深厚的文化转化功力。

二、系统设计的巧妙编织：从星光到星系的生态构建

班级管理常陷入"头痛医头"的碎片化困境，而"北斗班"的育人方略展现了系统化设计的艺术。"游戏运营制"将男孩们的躁动能量转化为班级秩序的建设力，如同将无序星尘收拢为有序星轨。当调皮学生成为"游戏王"，教育的智慧在于：不是压制天性，而是引导天性成为建设性力量。

"班干主卫星制"更是管理机制的一大创新。主星统筹、卫星协同的模式，既避免权力集中，又培养团队协作。班级工作清单的迭代进化，如同星辰运行的轨迹修正，让学生在实践中学会自我优化。这种将管理学原理转化为儿童认知语言的能力，体现了教育者对成长规律的深刻洞察。

评价体系的设计尤其精妙。从低年级的"故事能量"到高年级的"书友队"，奖励机制始终与认知发展同步。当非物质奖励的听故事成为集体期待，当互评规则要求"3个优点+1个缺点"，评价不再是冰冷的打分，而是建立共情能力的训练场。这种将评价转化为成长仪式的方法，让教育真正回归育人本质。

三、家校共育的星轨对接：打破教育孤岛

传统家校关系常陷于信息通报的单向模式，"北斗班"却构建了"双星系统"。家长星书院、星社团的设立，不是简单的活动叠加，而是教育共同体的重构。当父母们组成"自然徒步社""科技之光社"，他们

不再是被动的教育配合者，而是课程共建的参与者。

对于特殊家庭（离异、隔代抚养），"家长星暖宝"工具的设计堪称巧妙。通过可视化沟通指南，将专业教育理念转化为家长可操作的语言。那位因躁郁症戴帽子的学生最终重展笑颜，背后正是家校能量场的同频共振。这种将家庭纳入教育生态的实践，破解了"5+2=0"的教育魔咒，让学校教育和家庭教育形成引力共振。

四、个性星光的绽放密码：从缺陷到特色的转化艺术

面对班级中30%的特殊学生（患有听障、癫痫、情绪障碍等），北斗班没有选择补偿性教育，而是开创"缺陷转化"路径。听障男孩成为足球队前锋，癫痫女孩在编织工坊找到价值，情绪失控学生担任"游戏王"——这些案例颠覆了特殊教育的传统范式。

"七星力聚"活动体系的设计，暗含多元智能理论却不露痕迹。从"育心绘本"的情感培育，到"北斗农场"的劳动教育，七种活动方向如同七色光谱，让每个孩子都能找到属于自己的发光波段。当热爱编程的"科技之星"与痴迷自然的"草木染社长"同样获得尊重，教育真正实现了"各美其美"的承诺。

五、教育哲学的无声渗透：细雨湿衣的育人境界

孙晨老师的教育智慧，还体现在对"无形之力"的驾驭。引用《鹖冠子》"施教而不施力"，恰是道家"无为而治"的现代诠释。"无为而治"不是真的全然"无为"，而是深谙教育规律后的一种高级境界：知道什么可为，什么不可为。当教室环境成为"春风化雨"的场域，当制度设计让学生感觉"本来就是我们在管理班级"，教育的最高境界已然达成——让学生意识不到被教育，却处处获得成长。

这种哲学在"星光能量制"中体现得尤为明显。没有刻意的品德说教，而是通过同伴间的"看见与鼓励"，让善意自然生长。当收集星光

成为日常习惯，道德教育已内化为群体共识。这种将儒家"慎独"思想转化为儿童行为模式的设计，展现了文化传承的创新表达。

六、北斗启示录：教育星光的永恒价值

六年的北斗旅程，不仅孕育出蝉联荣誉的明星班级，更验证了教育的本质规律：**真正的成长从来不是流水线加工，而是唤醒每颗星辰的独特光芒。**当毕业的孩子们带着"自我价值感"走向初中，他们携带的不是分数证书，而是被点燃的生命热情。

这份育人方略的可贵，在于提供了标准化教育框架下的突围样本。**它证明：在考试压力与个性发展的夹缝中，依然存在第三条道路——既尊重教育规律，又呵护生命本真。**那些精心设计的游戏机制、那些温暖延续的故事奖励、那些家校携手的星光社团，都在诉说同一个真理：**教育最美的模样，是让每颗星辰都能在属于自己的轨道上，焕发独一无二的光芒。**

第二章

**育人故事：
构建有生命力的教育叙事**

育人故事的常见范式

一、育人故事是什么

育人故事是班主任以故事形式叙述在班级管理和学生教育过程中亲身经历的印象深刻的教育案例，从而揭示内隐于故事背后的班主任工作的教育理念、原则、方法和技巧，进而彰显德育的本质、规律、价值和意义。换句话说，育人故事体现了班主任的教育理念对不对、教育智慧有没有、反思能力行不行、教育叙述好不好这几个问题，其实也是班主任专业能力和专业自觉的一种体现。

注意，**育人故事不等于教育叙事**。教育叙事也是班主任专业成长的重要路径，班主任通过记录日常教育生活中的可贵点滴，从中领悟教育哲理和育人本质，教育叙事是对教育事件客观如实的叙述，它是一种不加任何修饰的文体。而育人故事在真实事件的基础上，允许有一定的艺术加工，更重要的是，叙述者的目的不是讲述故事，而是通过故事来揭示、挖掘和分析一种教育思想和德育理念。

二、育人故事的比赛要求

育人故事这一概念主要参照 2021 年教育部基础教育司组织开展全国中小学班主任基本功展示交流活动。文件明确要求"主题明确、情节完整、内容翔实、重点突出、结构合理、情感真挚，以第一人称撰写，能够激励人心、引发共鸣，2000 字的文本和 5~10 分钟的视频，视频要与文本主题一致，以第一人称讲述"。

育人故事前身是成长故事，目前一些班主任现场比赛依然沿用成长故事。2023 年广东省第四届青教赛班主任决赛对成长故事的要求是"根据主题，叙述自己在班主任工作经历中的相关成长故事"，选手提前15分钟抽取故事主题进行准备，故事叙述5分钟，回答评委提问时间2分钟（不含评委提问时间），故事须有题目，脱稿叙述，叙述过程不得有配乐、伴舞等辅助形式。成长故事叙述要求紧扣主题，理念先进，思想深刻，内容真实，情节完整，结构合理，语言流畅。在内容方面，要求"结合新时期学生成长面临的新情况新变化，以爱岗敬业、价值观教育、班级管理、师生沟通、学校家庭社会协同育人、心理健康教育等为切入点，讲述班主任工作中的育人故事，彰显班主任人格魅力，体现班主任专业素养和教育情怀"。

根据比赛文件，我们不难找出成长故事与育人故事之间的异同。二者都是讲故事，都要求"主题明确、情节完整、内容真实、结构合理"，要求"第一人称叙述"和"叙述自己……相关成长故事"，这说明这二者本质上都是讲自己的教育故事，其内核和底层逻辑是一样的。但同时，育人故事要求"内容翔实"而不是"内容真实"，这也与其2000字的要求不谋而合，因为"内容翔实"了，才需要"重点突出"，成长故事叙述5分钟，正常人语速是1000字左右，因此成长故事短，而育人故事长，这是第一个区别。第二个区别在于，育人故事要求"情感真挚，能够激励人心，引发共鸣"，这说明育人故事要求能够让人感动，而成长故事要求"理念先进，不得有配乐、伴舞等形式"，育人故事提交的是视频作品，因此可以允许有适当的辅助形式。第三个区别在于成长故事重在"成长"二字上，要求通过叙述故事来体现师生的成长，尤其是班主任自身的专业成长，而这一点育人故事没有明确提出这个要求。

每个概念都有其由来历史和独特内涵，班主任要把握本质特点，尽管称呼和内涵略有不同，但其底层逻辑和内涵价值是一样的。班主任唯有窥得其中的微妙，才能将日常班级故事提炼演绎出精彩的作品来。

三、育人故事的基本范式

育人故事的本质在于通过情节传递价值观，其感染力源于对人性和教育规律的深刻把握。一个完整的育人故事需包含六大核心元素：人物、背景、冲突、高潮、道具和结局。这六元素如同交响乐的六个声部：背景设定故事基调，人物奏响主旋律，冲突制造故事张力，高潮掀起最强音，道具辅助情节，结局点明主旨。

（一）人物

人物是一个故事的灵魂。故事的展开有赖于对人物的刻画。同时，人物也是班主任教育理念的具体承载者。人物一般分为主要角色和次要角色。其中主要角色通过言行来传递作者的价值观，推动情节发展；而次要角色制造冲突或提供支持，凸显教育过程的复杂性。故事的人物如果有一定辨识度，让读者或听众有代入感和认同感，那么这个故事就很容易引发情感共鸣，能让抽象的教育理论落地为生动感性的生命叙事。

（二）背景

一个故事的背景包括时间、地点、人物关系以及与冲突直接相关的信息。在育人故事中，背景是隐形的教育场域：家庭环境、校园文化和社会现实构成故事角色成长的土壤。背景的交代，在很大程度上会决定这个育人故事的性质和情节走向。故事交代适配的背景，就是要让教育冲突扎根于真实情境中。那么背景多长合适呢？按照我们日常看电影的经验，背景太长显得太拖沓，背景太短则担心交代不清楚。笔者在总结了上百篇优秀的育人故事后得出一个结论：15%是个合适的数据。也就是说，在2000字的故事里，用前300字铺垫故事背景，而1000字的故事，顶多用150字做背景。

（三）冲突

"无冲突，不故事"，可以说冲突是育人故事中，最能推动情节发展，引起教育蜕变的"炼金炉"：如师生观念碰撞、家校教育理念分歧、老师在惩戒与共情之间纠结、学生在理想与现实冲突之间产生自我价值撕裂（理想与现实冲突）等。这些冲突都需要通过具体事件（如作弊风波、退学威胁等）将抽象矛盾具象化。冲突爆发时，也正是暴露教育深层问题的时候，解决过程则呈现班主任的智慧——在对抗中搭建对话桥梁，在危机中重构信任关系，最终升华为"生命影响生命"的教育实践。

有的班主任说："我的生活很平淡，根本没有什么冲突，难不成为了写故事，故意制造冲突吗？"先试想一下，近期你有过哪些负面情绪？包括伤心、沮丧、害怕、丢脸、担忧、着急、恐慌、压力、失望、泄气、生气等，再想想当时是什么点燃了这些情绪呢？其实这就是冲突。冲突可以是环境跟人的冲突，称为外部问题；也可以是自己和自己的斗争，这是内部问题；还可以是动力和价值观层面的分歧，这是哲学问题。一个育人故事里，只有一层冲突是不够的，两层比较丰富，如能达到三层，故事可谓充分且丰富。

（四）高潮

高潮在整个叙事中占据着至关重要的地位，是情节发展的顶点，更是情感的爆发点。它要求作者深入挖掘人物的内心世界，将人物的情感推向极致。换句话说，在育人故事中，高潮是教育张力的沸点时刻。故事前半段通过铺垫各种累积的矛盾，如学生离家出走、师生当众对峙，将人物推入复杂的混沌系统中，在这样的教育困境中，班主任用常规的教育方法显得苍白而又无奈，只能突破常规干预，如深夜家访、公开剖析内心等方法撕开角色心理防线，用教育智慧将危机转化为成长契机。因此，在育人故事的高潮部分，人物所有的冲突都应得到解决。

（五）道具

道具本是戏剧术语，它是指戏剧演出过程中所用器具，如手帕、佩剑、书画等，是戏剧中重要的表现手段，具有不可或缺的作用。同时，育人故事就像戏剧一样，要讲好一个故事，呈现一个主题，势必会运用到一些道具——被作者赋予某些含义的特殊物品。

道具可以谋篇布局，如《台阶》第一句以"父亲总觉得我们家的台阶低"引出下文，"台阶"也是行文的一条线索；《西游记》中孙悟空的金箍棒，也是推动情节发展的重要道具。不同人物有着与之相匹配的个性化道具，因此道具还可以塑造人物形象。如《故乡》中少年闰土手拿钢叉和羽毛，而中年闰土只要香炉，道具的变化表现人物思想性格变化。道具还具有营造气氛、烘托人物心情、暗示情节变化、揭示主题的作用。如《红楼梦》中将贾宝玉衔玉问世的"通灵宝玉"作为小说的核心道具，展开"人玉一体"的故事主线，凸显作品主题，寄寓创作意图。

（六）结局

结局为整个故事画上了一个句号，因此结局很重要。一个精彩绝伦的结局能使整个故事升华，给读者留下深刻且持久的印象。就像欧·亨利的小说，其结尾常常峰回路转、出人意料。《麦琪的礼物》中，夫妻二人互赠礼物却阴差阳错让礼物失去了原本的实用价值，但这种结局却将他们之间深厚的爱情彰显得淋漓尽致，也让整个故事成为经典流传。这种极具冲击力的结局满足读者对情节发展的预期与好奇心，成为值得反复品味与思索的佳作。

但是结局也没那么重要，尤其是那些侧重于展现过程、探索人性与世界复杂性的作品，结局或许只是一个形式上的句号，故事的精髓早已在过程中展露无遗，故事的结局已经被故事解构在自己的话语体系之中了，所以故事的结局就是故事本身！

笔者多年前听过一个故事，这个故事讲述了班主任面对令人感到棘手的学生想了很多办法都没有见效，故事的结尾，班主任这样说：

亲爱的老师们，我这个故事的结尾让你们失望了，我的学生小新并没有像你听过的其他故事一样，开始有了转变，逐渐变得越来越好。而我的主人公直到毕业的时候，还是上课睡觉回家不写作业。但是我依然认为我的付出有价值，我的工作有意义。我在小新的心里，种下了爱和期待的种子。假如他成年以后，回忆起自己的小学生活，想起王老师是如何用爱和耐心陪伴他一春又一秋的，这颗种子可能今天没有结果，但也许有一天会发芽会开花呢。

育人故事的六大变化——从集体关注说开去

近几年，随着从"教育故事"到"成长故事叙述"再到"育人故事"的命名变化，其内容特征和手段策略都有一些不同程度的变化。笔者试图结合一些故事作品，从取材、人物等六个方面谈谈这种变化以及变化背后的价值意蕴。

一、取材：从个体教育到集体成长

笔者发现一个有趣的现象，就是以往故事里主角大部分是学生个体，而且往往是"问题学生"，故事会围绕这个学生进行探寻原因，随着班主任进一步了解，真相徐徐拉开帷幕，班主任对学生或家访，或谈话，或带着同学们一起感化他，最终学生被成功转化。整个故事就是一个老师跟一个学生之间的对手戏，其他同学或者班集体只是故事的点缀或者映衬，是情节发展的需要。

最近这几年，育人故事的取材逐渐从个体转向集体，这是时代发展的必然。因为班主任工作不仅仅是面对个体，还要面对整个班集体的健康发展。班主任的着眼点不能只放在一个人或者一类人身上，要关注整个班级的文化建设、集体建设。因为良好的班风建设更能浸润孩子的心灵，班级集体成长才能让教育"润物细无声"。讲故事需要跳出故事本身，把目光投入教育深处，展示教育者的情怀和智慧。所以教育故事要面向所有学生，不仅仅是对某一个学生的救赎，由关注个体到关注群体，扩大育人覆盖面，深化育人效果。

如常州市北郊高级中学李国伟的《我与"秦明"斗智斗勇的那些年》，这个故事围绕快餐文化——《法医秦明》系列小说在班级中的大肆流行展开。他先是想办法收缴"赃物"，用"堵"的方法来解决问题；后来发现效果不佳，就从自己的成长经历中领悟重要启示，改"堵"为"疏"，不仅不限制，还跟学生分享自己从书中看到的不一样的观点和风景，甚至还在班级组织阅读主题班会课，引导学生辩论好书的标准。他说："学生与经典书籍之间的距离可能就是一个我，而我非常愿意成为这个引路人。"作为网络原住民，当下青少年十分推崇非主流的亚文化。如何对中学生进行审美品味和价值引领？这个故事给我们上了非常成功的一课。

再如，江阴市华士高级中学张彪的《一起飞过高山》，讲的是一个中途接班的故事。大部分班主任都有当"后妈"的惨痛经历，而张老师这个班接得非常成功！接班肯定是集体教育，如何让这个群体在最短的时间里接纳你，张老师分三步走：第一步，"解决问题，关系先行"，用示弱、表扬等方法"收买"学生，成功举办班级的中秋晚会；第二步，"倾听心声，激将群体"，看见学生的需求并且激发好胜心；第三步，"挑战极限，高调励志"，全班集体爬砂山，唤醒学生内驱力共同迎考。

二、人物：从千人一面到真实鲜活

以前故事里的主人公——"问题学生"，行为表现都差不多：上课不听讲，课后不交作业，跟周围同学的关系很差。各科任老师都急得没法，班主任一探寻，发现这类学生不是单亲家庭就是留守儿童，不是隔代扶养就是家庭暴力。最后班主任通过"谈话＋家访＋开班会"三个神操作，让学生被神奇转化。"孩子苦、家庭烂、老师神"的情节结构严重套路化、模板化；人物性格千人一面，差的太差，神的太神；故事结局千篇一律，最终总是"在学生的成功转化中班主任升华了自己的教育思想"。

说实话，这样的育人故事很难不让人怀疑其真实性。不是所有的"问题儿童"都一样，每个孩子都有其独特性，每个孩子的问题也都是独特的问题；不是"三把斧子"（谈话、家访和开班会）都有用，也不是对谁都有用，更不是哪个班主任都擅长用这三把斧子，最重要的是，不是每个学生都能被成功转化。只有真实的教育生活才有说服力：转变一个问题学生绝非易事，根本不是一个2000字的故事能够囊括得下的。问题学生在一段时间里会反复犯错、起伏变化，呈现螺旋上升的曲线。哪有一次谈话、一次家访、一个小眼神或者几句鼓励的话语就能解决学生的长期顽疾呢？下面两则故事，让笔者看到，用真实的笔触去描绘真实的生活，刻画真实的学生，作品才有永久的魅力。

扬州市第一中学孙伟的《一碗鱼汤》，主人公小王从小父母双亡，在菜市场杀鱼为生的奶奶将其抚养大。老师去家访时，奶奶端出来一碗热乎乎的鱼汤，引发了小王的情绪爆发："我最讨厌鱼汤！我不想自己的人生永远留在菜场，不想永远带着鱼腥味生活……"这段近乎呐喊的控诉，刻画了一个从小被鱼汤滋养，又痛恨不能与鱼汤分割的矛盾、纠结的形象，隔着屏幕，笔者似乎都能感受到那浓浓的鱼腥味，还有那挥之不去的无助和伤痛。这就是真实的细节！这就是真实的故事带给人的震撼！

除了问题学生、特殊家庭，班主任关注的范畴可以更加广阔一些——傲娇的优等生、木讷的不起眼的孩子、快人快语的自来熟……南通大学附属中学黄颖的《好样的俊逸》，写了一个在班级非常普通的男孩俊逸，他没有什么大毛病，也容易沟通，只是他只愿意坐在教室的最后一排，而且不愿意在公众面前表现自己。这是为什么呢？探寻一番后，班主任发现这个男孩有严重的容貌焦虑，甚至到了失眠服药的地步！在别人眼里，俊逸的行为"大题小做"，但只有班主任深深地理解他的痛苦是真实的。作者笔下，那个执拗而自尊的男孩，那种鲜活灵动的反应，那种作为一个个体被老师狠狠共情的场景，让笔者深深感动，深深震撼。鲜活的人物，能走下文本，跟读者进行对话。优秀的故事就有这样的魔力。

三、手段：从爱的情怀到科学育人

我们读育人故事，常常能感受到班主任浓烈的爱意和情怀。他们对学生持续的关注、无限的包容和无私的爱护，让我们对班主任这个特殊的岗位赋予一切美好而又高尚的词汇，但是只有爱和情怀是远远不够的。苏霍姆林斯基也说："爱孩子，是连母鸡都会做的事，但是教育好孩子，却是一门艺术。"**教育是艺术，更是科学**。班主任需要掌握教育规律，对每个孩子因材施教，根据学生身心发展阶段特点循序渐进。

因此，所谓"科学育人"指的就是班主任在育人过程中的分析、策略和方法都要符合教育学、心理学、社会学、管理学等方面的理论和规律，都要体现教育的科学性和班主任自身的专业性。比如，对现象分析要体现专业性：你是从行为主义角度入手，还是从建构主义角度切入？你是运用心理学规律分析还是社会学理论追因？你洞察原因是依据传统教育学还是现代教育思想？比如，师生沟通要体现专业性：你用的是"非暴力沟通"，还是"焦点解决沟通法"？你使用了"三明治"谈话法，还是"倾听"技巧？你是用多种方法沟通，还是只用语言沟通？再比如，教育方式方法要体现专业性：教育方法是否有教育学、心理学方面的依据？教育过程是否符合学生身心发展特点？比如，批评与鼓励、谈心与家访、调查与研究、尊重和理解……

南京宇通实验学校赵健的《老师，我向她表白了》，男孩春心萌动，喜欢上了一个女孩，作为班主任深知，"高中生恋爱'堵'是没用的，必须创造机会畅通'疏'的渠道，让情感在体验中得以释放和升华"，于是班主任灵机一动，让男孩去参加学校的话剧表演《罗密欧与朱丽叶》，并鼓动他扮演男主角罗密欧。结果表演大获成功，事后男孩激动地跟班主任表达，愿意把这份情感继续珍藏，当自己的臂膀能够担负责任和思考时，再来跟女孩表白。这个青春期情感案例处理得非常成功，班主任深刻认识到"高中生在面对和处理自己的情感需求时，其实也是他们的社会和情感能力快速成长的时候"，她知道不能有意压抑学生的恋爱需求，只能"让学生在戏剧与诗歌的体验中获得深刻的认识"，男孩"在别人的爱情故事里收获了自己的情感体验和感悟"，因此更加理性。不仅要知其然，更要知其所以然。

连云港市苍梧小学杨思的《那只可爱的"跳跳虎"》，一年级新生家明不会与人交往，孩子们不喜欢他，老师们也很头疼。怎么让家明学会交往、融入班级呢？班主任杨老师把词语写在纸条上，让家明抽出来念，搞笑的话语瞬间就吸引了孩子们围过来；杨老师还充分利用绘本《我有友情要出租》《敌人派》，让家明看看小动物们是怎么交往的；甚至，杨老师还编了好多有关"跳跳虎"的有趣故事，孩子们很聪明，一下子就猜出来"跳跳虎"就是家明。不得不说，这位一年级的杨老师太懂儿童心理了，她使用了情境熏陶法、榜样示范法以及游戏力理论，对家明进行正确引导和重新塑造。懂得科学育人，班主任工作事半功倍！

四、线索：从单点聚焦到双线并进

以前的故事总是聚焦于一个学生身上，故事情节随着主角的主要事件开展，最终也回到主角的转化和改变上，而班主任老师在这个过程中的作用，更多只是推动情节的发展。因此我们在听故事时发现，班主任眼里只有学生而没有自己，只有故事而没有故事背后的意蕴。无法想象，忽略教师立场的教育会是成功的教育，因此，缺失教育者视角必定是一场失败的"独角戏"。

纵观近几年的故事，笔者发现厚实的作品不仅仅是学生成长历程的展现，也是班主任反思、感悟、快速成长的过程，是学生和老师共同成长的"双线并进"结构。育人故事的价值不在于讲述故事本身，而在于作者能对自己在事件中的教育行为进行解释，能对教育生活做出有意义的梳理与提炼，在讲述中传递自己对教育的思考和理解，从而实现对读者的价值启发和专业引领。

连云港市赣马高级中学周作发的《我和我的"小可爱"们》，作为刚走上班主任岗位的周老师，初衷只是想让自己的班级充满欢声笑语，因此他想各种方法在班级营造欢乐氛围，没事就跟学生开玩笑，课堂上也会讲各种趣事，学生简直不把他当老师，用他的头像做各种表情包；学生们越来越欢乐，越来越懂事，越来越信任他，凌晨四点全班集体出了一期专属于他的黑板报；学生沉迷手机会主动跟他坦白，学生带手机进校园会主动交给他保管，学生遇到情感上的烦恼会主动找他倾诉。周老师猛然顿悟，原本只是想带一个充满欢声笑语的班级，不曾想一不小心就收获了教育的真谛，一不小心带出了学校最有活力最有凝聚力的班级！所以他说，"**一位聪慧的班主任，往往懂得让自己回到'学生的状态'，走到学生中去，俯下身向学生学习，虔诚地完成自我修行，与学生共同成长**"。这就是学生和老师双向奔赴、双线并进的最佳典范！

江苏省常州高级中学唐涛的《素衣锦袍，少年犹在》，小琳是个喜欢汉服文化的女孩，升旗仪式上的汉服展示让班主任唐老师非常生气，觉得这个场合实在不适合这么穿！高二时小琳分去了其他班级，这个故事本来不应该再有下文了。说来也巧，分班后唐老师几次搞活动都需要用到汉文化的创意。于是在小琳的建议和助力下，唐老师不仅公开课上得很成功，而且汉风朗诵节目也获得了年级第二的好成绩。当唐老师表达当年的歉意和内疚时，小琳却说她喜欢汉服，这比汉服本身更重要，老师让她为汉服创新出谋划策，这就是成功还了她一场汉服秀！作为育人者，唐老师感叹道："看似是我在教育小琳，但其实我也被'教育'了一番。""一手校服，一手汉服，只想着取舍，表明的是教育立场；若想着兼顾，考验的则是教育智慧。""教育不仅在于'对错'之'教'，更在于'成人'之'育'"！唐老师这段话非常动人，这就是学生跟老师共同成长、双线并进的最美景象。

五、经验：从个人领悟到普适推广

以前的故事更多的是班主任通过讲述故事，来揭示自己对教育哲理的领悟，读者有所触动，有所启发，就会在自己的班级尝试。但最近几年的故事，班主任在作品的结尾，不仅完成个人领悟，而且会提炼总结出一套操作模板，奉献给读者朋友。大家都是班主任，班级里来来去去也就那么几件事，因此，共性的问题如果能运用切实可操作的模板来解决，那么育人故事的功能就又增加了一层普适推广的意义。让我们一起来鉴赏两个故事作品。

南京田家炳高级中学瞿雯的《"网红"风波》，小敏一直热衷于做网络直播，因此与妈妈发生了剧烈的冲突，她一夜爆红成了学校里人尽皆知的"网红"，而妈妈却哭哭啼啼来求助。网络时代，哪个班级没有几个想做网红的孩子？这事太普遍了！班主任瞿老师怎么引导呢？她用一件事就搞定了，堪称因势利导的经典范本！你不是喜欢直播做主持吗？那就给你这个机会：让小敏准备毕业生颁奖典礼，要求用中英文双语。经过一段时间的筹备，小敏觉得英文拿不下来，赶紧跑来求助老师，瞿老师一边帮她梳理一边引导："做一个优秀的主持人，不仅需要语言功底和临场反应，还需要人文素养、综合素质等多种素养。"尽管小敏的主持很精彩，但她也深深明白，主持人跟网红之间差距极大。

江苏省姜堰第二中学徐蕾的《"剧"说》，笔者认为是非常有新意的一个故事。高三是紧张的，家长的焦虑、学生的迷茫、老师的重视、社会的关注交织成一张密网。在面对家长的高期待与自己成绩之间的落差时，孩子们几近崩溃："父母埋怨的语言，从门缝中漫了出来，仿佛能把我淹没，我真地喘不过气来。"面对亲子之间的紧张关系，所有的语言都显苍白。班主任徐老师另辟蹊径，把这些矛盾和压力用心理剧的形式表现出来，孩子们按照剧本表演，其实也是在表达自己内心深处的无力和不满，家长在台下观剧。这种方式获得了巨大成功，家长感受到孩子的痛苦，孩子也排解了自己的压力，这种新颖别致的方法，非常值得普及和推广！

六、情感：从滔滔江涌到涓涓细流

以前的故事，班主任可能是为了诠释爱和情怀，大都讲述得声情并茂，情感浓烈得如滔滔江涌。班主任描绘冲突的场景一般都是剑拔弩张、声嘶力竭的，描绘学生转化后的场景时又是感人肺腑、热泪盈眶的，甚至有的泣不成声难以继续讲述。笔者虽然也颇受氛围感染，眼眶有些湿润，但总觉得哪里不对劲。直至有一次，一位班主任描述学生喊她"妈妈"，评委们震惊了，问她道："你真的觉得你能做他妈妈吗？师爱和母爱的区别是什么？"那一刻，笔者终于理解了——我们提倡教师对学生的关爱和鼓励，但并不提倡"献祭式"的奉献，有些故事写老师家人去世还要坚持上课，这类近乎作秀的故事会令人忍不住反问："这样没有人性的老师还能当育人者吗？"

因此，不管是在日常的教育教学生活中，还是在我们撰写的育人故事里，首先要把自己当人看，把教师当职业看，把班主任当岗位看。**我们的眼里既要有学生、有温度，做温暖的教育，同时也不能忘记真诚地爱自己。**那些滔滔江涌般的激情澎湃，让人倍感压力，不如做一个理性冷静的育人者，用涓涓细流去持续浸润、慢慢影响学生。

先举个反面例子。

依稀记得，我们第一次见面的情形，那天你穿着一件……我被命运之绳牵扯着，掉进了这个让我一生充满愧疚与羁绊的故事里。每每想起，我的情感闸门都要泄洪。你实在是我一生过不去的坎。

天哪！究竟是什么样的孩子，发生了什么样的事情，会让老师一生充满"愧疚"与"羁绊"？而且成为这个老师"一生过不去的坎"。笔者没有任何感动，只是好奇后面发生了什么。

那天我去找你，找遍了所有教室，都没有找到你的踪影。我在想，这辈子我会不会真的见不到你了？……你看到我眼中焦急的泪水？……每次想起我都会红了眼眶……你是否在电话那头听到我哽咽的声音，是否感受到我的心如刀绞？

故事里的"你"得了抑郁症，班主任一直都担心她、陪伴她、关爱她，这都是非常正常的行为。但是作者通篇用这些情感浓度极高的词语进行表达，令人不适。

另一个故事的表述方式值得我们学习。浙江省诸暨市海亮实验中学戚逍逍的《虫儿飞》，高三教室一到夏天到处都是飞舞的虫子，扰得孩子们叫苦不迭。班主任戚老师一眼就看出虫咬是小事，孩子们焦躁不安的压力需要发泄才是大事。于是，她从 20 世纪 50 年代"除四害"运动中"爱卫生，讲文明"的初衷，说到"天上鸟飞绝"的生态恶果；从杀虫剂的海报设计，讲到做不出题时的出气包和"替罪虫"，听着听着，学生们从眉头紧锁到眉开眼笑，最后不禁调侃说："这是一群有文化的虫子！"学生的牢骚抱怨在老师娓娓道来的话语中转化成一场夏日的美好回忆！这种举重若轻的技巧、风轻云淡的表述方式，实在是让我们对班主任的话语技艺和不急不慌的心态佩服得五体投地！

育人故事的五项要素——创造一只"五花兽"

一个优秀的育人故事，需要哪些元素突出卓越？笔者认为至少应该包括这五方面：标题如"马蹄"一样响亮新颖，开头如"凤头"一样抓人眼球，情节如"猪肚"一样丰富有料，细节如"锦鲤"一样生动有趣，结尾如"豹尾"一样简短有力。"马蹄""凤头""猪肚""锦鲤""豹尾"合起来就是一只很有观赏性的"五花兽"。

一、标题如"马蹄"一样响亮新颖

故事的标题非常重要，能够在短时间里迅速抓住听众的眼球。而缺少新意、缺乏价值的标题，即便故事本身不错，也很难引起读者兴趣。那么，故事题目如何取名才能像"嘚嘚"马蹄声一样响亮呢？笔者归纳了以下小诀窍。

（1）把故事里的**重要事件**拿来做题目，如《变色的蘑菇头》《我们出书啦》《一场特殊的招聘会》《暗恋这件小事》等。

（2）把故事里的**重要工具**借来做题目，如《三碗牛腩粉》《那双火红的跑鞋》《男生手腕上的粉头绳》《天乐的"工具箱"》等。

（3）让故事里的**重要话语**直接做题目，如《我就是不交手机》《我没有监护人》《钱对我很重要》《爱家栋等于正确》《我想和你一起"虚度"时光》等。

（4）把故事里的**重要场景**体现在题目里，如《角落里的孩子》《虫儿飞》《"剧"说》《一次危险的家访》《你从崖边跌落》等。

（5）将故事里的**重要感悟**提炼成题目，如《春天是一点一点化开的》《"留白"的力量》《枫叶是自己红起来的》《"走近"才能"走进"》

《把梦铺到学生脚下》等。

二、开头如"凤头"一样抓人眼球

古人说，好文章要有"凤头、猪肚和豹尾"，意思是开头要漂亮，抓人眼球，如凤头一样具有十足的观赏性；对于一个故事来讲，一个悬念十足的开头能紧紧抓住听众注意力。很多优秀的影视文学作品给我们提供了丰富的开头样本。

（一）直接展现冲突现场，让主角面临挑战或者冲突，迅速吸引读者的注意力

如《我就是不交手机》里。

"我不交！手机是我的命根子，谁也别想让我交！"愤怒的声音穿透了整个教室，回荡在走廊上……接班后的第二天，我在这样的愤怒声中冲向了教室。

再如《封印》里。

一天上课，在孩子们全神贯注观看纪录片时，我发现文文趴在桌子上。我一直用眼睛盯着她，她也没看见；我走到她身边，她也不理睬。我暂停了播放，望着文文严厉地说："你到底看还是不看？如果你觉得不好看，那就全班同学都不要看了。"顿时，教室里炸开了锅。面对同学的指责，文文哭着跑出了教室。

（二）设置神秘场景，制造一个悬念，勾起读者的好奇心

如《百年孤独》的开头。

许多年以后，奥雷连诺上校站在行刑队面前，准会想起父亲带他去参观冰块的那个遥远的下午。

再如，笔者参加区赛的故事《心门》，当时拿了全区中学组第一名。

在我新接手的班级里，有这样一个孩子：她成绩非常耀眼，数学、英语每次都是满分，语文更是好得呱呱叫。尤其是作文，条理清晰，文采飞扬，有着不属于这个年龄的缜密和成熟。

还有一个孩子：每天独来独往，穿戴整齐，即便是炎热的夏天，也是长裤长袖，把自己包裹得紧紧的。偶尔看人一眼，那冰冷漠然的眼神，就像刀子一样，甩过来插在你心上。

这样风格迥异的两个学生，却是同一个人。是的，这个学生叫小妹。

（三）对话式开头，引出一部分情节，让主角纠结迷茫

如故事《变色的蘑菇头》里。

周三一大早我就收到了小智的微信：老师，我给您准备了一个"惊吓"，请您不要生气。我回复：什么惊吓会让我生气？老师不生气，来吧！

再如《"网红"风波》里。

"老班，老班，快看抖音，我们班出了个大网红！"一大早，学生便叽叽喳喳地围在我身边，让我打开手机看抖音。"哪个网红？"我一头雾水，"您的爱徒，您一心栽培的数学科代表曹佳！""啊？！"

（四）倒叙式开头，从故事的中间或结尾开始叙述，制造悬念，吸引读者

如《泰塔尼克号》开头，老年 Rose 这样回忆那艘豪华游轮上的往事。

我站在废墟之上，回忆着曾经的一切，一切都是从那个雨夜开始的……

再如《这里有最美的风景》。

空气中开始弥漫着桂花的香气，秋天终于来了。每每这时，我就会想：故乡的空气中应该飘散着稻谷的香甜吧！

（五）引用一句富有哲理的金句或者一段小小的寓言故事作为开头

如《动物农场》的开头。

先生，你曾想过，为什么人类是地球上唯一会脸红的动物吗？

再如《"可爱多"回来了》。

我曾读过这样一篇故事：老禅师发现小徒弟半夜踩着椅子偷偷溜出

寺庙，他不动声色地将椅子挪开，在徒弟翻墙而入时让他踩着自己的脊背跳进院子，并在徒弟惊慌等着受罚时，只是平静地说："夜深天凉，快去多加一件衣服。"在那一刻，我猛然意识到，原来教师之道就是院墙下等待的那个脊背，就是惶惶寒夜里的那句关怀。

三、情节如"猪肚"一样丰富有料

"猪肚"的特点是丰硕肥美，文章中间如"猪肚"，意思是情节发展要丰富有料，一波三折；"文喜看山不喜平"，如果是平凡无奇，平铺直叙，就引不起听众的兴趣。"注意力就是生产力"，能够快速吸引听众，就是硬道理。笔者介绍一种基础版的情节结构——"起承转合"，特别适合 2000 字的育人故事来安排情节。下面笔者用故事《花开有期，一起静待》（选自齐学红主编《育人故事》，南京师范大学出版社）来例证。

（一）"起"：抛出钩子，引发兴趣

优秀故事的第一步，通过设置悬念、引出人物困境或塑造独特的场景等方法开头。如宜兴市红塔小学郑静老师这样讲小胡的故事。一个三年级男孩，叫小胡，瘦瘦小小，不爱说话。但上课却问题不断：神游、睡觉，就是不认真听课。下课却生龙活虎，老师找他解决问题，他也一副死猪不怕开水烫的滚刀肉模样。三门课加起来都不够 100 分，这样的学生怎么教育呢？读者不由得替郑老师发愁，且要看看郑老师有什么妙招。

（二）"承"：推进情节，铺垫矛盾

在"起"之后，需要进一步铺垫和发展故事，交代背景、介绍人物，并埋下伏笔。这一阶段需要注重细节的描写，让读者对故事有更深入的了解，同时需要描写人物的内心独白，引发读者对主角的情感共鸣，然后逐步展开情节，矛盾和冲突开始显现。也就是说，这一阶段要给出足够的信息，让读者对故事产生更多的期待。让我们继续看看郑老师怎么推进情节发展的。

老师先是联系家长，孩子不交作业，肯定要联系家长。结果，这个家长也完全不靠谱！嘴上配合老师的工作，而实际上一点推动作用都没有。第二天小胡依然是老样子，没有任何改变。至此，故事仿佛进入了死穴——三个任课老师都不知该怎么办了。但作为班主任的郑老师说："我想再试试。"

于是郑老师先是找小胡的姑姑聊，发现原来这是个可怜的孩子，父母离异，父亲再婚，家中又添了一个弟弟，继母接着去世，爸爸带着两个孩子生活，生存都是问题，更无暇顾及孩子的生活，所以小胡是不仅管自己还要管年幼的弟弟。

在此郑老师对小胡行为的理解深入了一层，她觉得作为一个育人者，应该早点关注、早点理解这个孩子。她之前对孩子的不解、对小胡不交作业的无助、对小胡爸爸的无语，在这里得到了闭环回应。

第二天郑老师带着小胡去操场散步，小胡跟老师展开了一场对话。老师询问他每天回家都做什么，小胡说照顾弟弟，帮弟弟洗澡、做饭，陪弟弟玩耍，这是郑老师"再试试"的第二个动作，也是她用爱和智慧撬开小胡心门的重点环节。郑老师的做法为读者提供了一个绝佳范本，那就是"因势利导"——从孩子熟悉的话题开始，看见孩子的不易和努力，满足孩子内心深处的需求，赋予孩子足够的能量。这样层层剥茧，孩子自然"眉头舒展""嘴角上扬"了，小胡也不傻，知道老师找他聊天还是为了作业的事情，因此他最后说了一句"我会写作业的"，既是许诺，也是对师爱的回馈。

郑老师为小胡的反应感动不已，她觉得每个孩子都需要被看见，孩子的每一次犯错都是在呼唤爱。这是郑老师第二个动作成功之后的感悟。什么是教育哲理，在大量实践之后，或失败、或成功给予我们的启发和领悟，就是教育哲理。这个故事到这里，才有了一点转折，才有了一些起色，因此，故事到这一步还不够，要继续"蓄势"，"蓄势"足够了，才能进入高潮。我们来看看郑老师如何"蓄势"的。

小胡同学果然守约了，他每天的语文作业，都主动交给老师批改，郑老师也想尽一切办法来鼓励他：漂亮的字打五角星，公开表扬他态度积极，生活中的点点滴滴都进入大家的视野中来。

文章继续"蓄势"，小胡就像我们期待中的样子，在缓慢进步。郑老师需要加把火才能把火烧得更旺。

小胡有进步，但是进步微弱，于是郑老师跟他一起制订"小胡的私人背诵表"，还运用心理学中"登门槛效应"，把大目标进行分解，设计了一个个"跳一跳够得着"的小目标。郑老师还给小胡请了个"小师父"，"小师父"每天鼓励他、帮助他、督促他，小胡居然越来越上道了。

这个郑老师非常厉害！先解决小胡的态度问题，然后解决学习方法和技巧问题。她这两条策略非常专业：第一，分解目标，降低难度，让进步看得见；第二，朋辈效应，给小胡找"小师父"。这个郑老师是有理论底蕴的，"登门槛效应"也是"最近发展区"，协同朋辈力量来助力小胡。而且，这两个策略有推广价值，那些厌学或者学习能力低下的孩子都可以试试。故事情节发展到这里，"蓄势"足够，只等高潮跌宕。

（三）"转"：制造高潮，颠覆预期

转折点是情节的精髓所在。这一阶段需要将之前积累的冲突推向高峰，同时通过意外的变化或难以预料的事件让情节更加扣人心弦。

再来看看这个故事。某天听写，每个小组长把100分的练习纸交到老师手里，其他有错误的发到本人手里订正。小胡没收到，郑老师让他重新默写，她以为小胡是需要订正的那个，但她没有想到，小胡居然在她手里100分的那沓里！这信手一笔，真真把老师的意外、孩子的进步神速生动地写出来了。老师"惊呼"，全班"掌声雷动"，老师"热泪盈眶"，这是最美的教育之歌。

然后就是一段精彩的细节。

我将永远记住小家伙跑上来，假装没有发到默写纸，让我主动发现他在100分之列时那种期待的眼神；永远记住他看到我惊呼后的腼腆一

笑；永远记住全班同学为他高兴的自发的掌声……

这是情绪的高潮。主人公情绪推向高潮，随之读者情绪也才能推向高潮。什么叫"颠覆预期"，什么叫"情理之中，意料之外"，这神来之笔宛如契科夫短篇小说里的手法一般。郑老师前面精心地"蓄势"到这一刻，读者跟着她的情感一泻千里，成功了，放下了，释然了……精彩的故事会治愈人，笔者在写这篇赏析的时候，看到整个深圳天空放出湛蓝的光芒，大地和远海广袤无垠，不禁感慨教育是极其神圣伟大的事业，故事是极其美妙无边的文体。

（四）"合"：收束故事，升华主旨

结局要与前面的情节呼应，同时给出令人深思的答案，或者是作者富有哲理的感悟。

每个孩子都可以成长得很好，但不是在同一天，也不会是用同一种方法。让我们一起静待花开，因为一切都会慢慢好起来。

这个结尾虽然符合"豹尾"，非常简短，但还不够有力。故事的题目叫《花开有期，一起静待》，如果只是"静待花期"，小胡也不知道有没有"花期"，这个"花期"什么时候才到。故事中小胡之所以有巨大的进步，不是老师等出来的，关键在于她在文中讲的那句话——"再试试"。老师催他交作业不果，这是第一次尝试失败；老师找他爸爸解决问题不果，这是第二次尝试失败；老师遇到他姑姑了解情况，这是第三次尝试；接着，老师找他本人散步聊天，这是第四次尝试，这次终于有了一些起色；老师继续尝试，用各种具体方法来帮助他进步。如果不是老师一次又一次的尝试，一次又一次的锲而不舍，"花期"怎么能够到来？！笔者认为这个故事的动人之处，就在于它真实地反映了我们琐碎平常的教育生活。我们日复一日地进行人类灵魂的塑造工作，但一个残酷的教育真相是——对于绝大多数的孩子来说，我们能做的其实并不多，而我们能够做的，就是即使知道这个真相，仍然不断地尝试、不断地努力、不断地告诉自己没有结果的过程依然有价值有意义，**因为教育**

本来就是要用育人者的灵魂去鼓舞、激发、唤醒另一个灵魂，哪怕只是在他心里种下一颗种子。

改改题目，叫《再试试》。结尾可以这样写。

每一次努力都有意义，每一次尝试都有价值；不以成败论英雄，不以结果看效能，我们人类灵魂工程师，每一刀下去，都在雕刻真善美。因此，当我们遇到"小胡"们时，不妨再试试，多试试。

四、细节如"锦鲤"一样生动有趣

锦鲤体格健美、色彩艳丽、花纹多变、泳姿雄然，极具观赏价值；育人故事就要有生动有趣、如锦鲤一样的细节描写。细节描写就是在关键处驻足，"慢"说细微之处。细节写好了，故事就"如闻其声，如见其形，鲜明生动，感染力强"。如何才能写好细节呢？具体要从以下几方面努力。

（一）细化动作，延长过程

如《封印》。

我一直用眼睛盯着她，她也没看见；我走到她身边，她也不理睬。我暂停了播放，望着文文严厉地说："你到底看还是不看？如果你觉得不好看，那就全班同学都不要看了。"顿时，教室里炸开了锅。面对同学的指责，文文哭着跑出了教室。

"盯""走到""暂停""理睬"这一连串的动词，刻画了一位绞尽脑汁想走进学生心里的班主任形象。这几个词的运用，远比一句"我想靠近他，他却不理我"更加丰富和生动。

（二）运用修辞，画其神韵

如《暗恋》。

她眼睛偷偷地瞄着他，那是什么样的眼神啊！那是第一缕晨曦对大地的抚弄，那是三月春风对碧水的轻柔，那是夏日晚霞对垂柳的辉映，那是秋夜月光对村庄的依恋，那是冬日朝阳与孤鸦的交谈！

这段描写极其浪漫，连续运用五个比喻句，把青春期那种朦胧又美妙的情感描摹得极其细致，增强了表达感染力，把读者引向作者营造的这段情感纠葛中。

（三）变换角度，增加层次

如《神的孩子》。

当他沉浸在他神的世界里，他的眼光就会一点点迷离，一点点远离，向着窗外寻找精神栖息地，构建着一个新世界，于是我也随着他的目光，追索着他的世界，那里有母亲留存的温度，有乡下奶奶的呼喊，也有一群小伙伴戏耍的童年……

在写作过程中，多次变换角度会有意想不到的效果。就像这句话，神游的学生在老师眼里，本来就是课堂的一种意外；老师没有打断，而是跟着神游学生的目光，随着他神游的节奏，去到更远的地方。这种写法张力十足，值得借鉴。

（四）类比联想，添其内涵

如《谁是我的眼》。

谁是我的眼？小杰是我的眼，他让我在遇到教育"盲点"时学会找准"着眼点"来解决问题；谁是我的眼？"爱生如子，永不言弃"是我的眼，让我锲而不舍追寻"问题"之本。医生治病，教师治心，明亮的教育之眼成就了小杰，也成就了今天的我——成为游刃自如的心灵导师！

作者将学生小杰比作"眼"，其含义不仅仅是看见世界的眼睛，其更深一层的含义是，小杰的事情让班主任认识到教育的"盲点"需要一些"着眼点"来解决问题。这种类比联想，增加了文章的内涵，让人久久不能忘记。

五、结尾如"豹尾"一样简短有力

"豹尾"干脆有力，回应开篇。文章如果这样结尾，戛然而止，则会令读者回味无穷，余音绕梁。育人故事的结尾，在交代故事主角的结局之外，还担负着一层重要使命，就是升华主旨，揭示教育真理。

如《爱生如子》的结尾。

杨毅给我发邮件："老师，听说你去日本了。生活适应吗？工作别太拼命，你老了我养你。"我的眼角一阵温热。教育是一个温暖的等待，多年等待等来了学生的这一句话，足以温暖我的后半生。

学生居然要给老师养老，这得多么深情的孩子啊！对学生来讲，这位老师在其人生成长过程中，一定是给予了非常及时且重要的引导和帮助，才让他像对待父母一样，竭尽全力去回馈。

又如：

一个那么上进的孩子，未来的事，不可预测。让孩子活在希望之中，他才有前进的动力，最坏的结果，也就是大器晚成。

这是个让人意外的结尾。"大器晚成"是对孩子成长节奏和发展规律的一种尊重；这四个字振聋发聩，故事在读者的心灵震撼中戛然而止，起到了极妙的艺术效果。

再如：

今天我想僭越一次，我认为教育的本质是两棵树互相摇动，两朵云互相推拂，两个灵魂互相召唤。

当"两棵树互相摇动"听得两耳生茧时，"两朵云互相推拂"就像是温柔的春风拂过心头，"两个灵魂互相召唤"就像是遥远的故乡在低唤，这种语言艺术的特别表达不能不让人为之惊诧！这不仅仅是一种句式创新，更是对教育本质的挖掘和延展。

育人故事的经典结构——"三迭式"手法

一、"三迭式"手法是什么

"三迭式"手法是中国传统叙事艺术中的经典结构模式，是指通过三次重复、递进或转折的事件设计，形成叙事节奏的律动感，最终实现主题深化或人物成长的创作技巧。其核心在于以"三"为叙事单位，通过"起—承—转—合"的逻辑链条，使故事在重复中积累张力，在递进中完成升华。如四大名著中的"三气周瑜""三打白骨精""三打祝家庄""刘姥姥三进大观园""宝玉三次摔玉"等。

在教育故事中运用"三迭式"手法，本质是通过三次重复、递进或对比的情节设计，强化核心教育主题，使读者在结构化的叙事节奏中自然领悟道理。"三"意蕴深刻，无论是情节发展、叙事结构，还是用于命名，"三"带来的螺旋式上升形态能强化叙事艺术的美感。这种手法符合人类认知的"三段式"记忆规律（"初始印象→矛盾冲突→解决升华"），因此备受读者欢迎。

二、"三迭式"手法的模式解析

（一）结构上的三迭开合：三次矛盾与三次和解

学中文的人都知道，无论是纪实性新闻，还是虚构类文学，都在讲一个完整的故事。莫言说："我只是一个讲故事的人。"李安说："我拍电影是在述说一种滋味，一种氛围。"樊登说："顾客需要一个好故事，他们才会买单。"樊登表达的是，故事能够产生经济效益；莫言表达的是，我获奖是因为我故事讲得好；李安表达的是，拍电影不仅仅是讲故事，但是艺术需要故事来装点门面。可见，讲好一个故事有多重要！

其实无论多么复杂的故事，当你将其彻底分解后，会发现所有结构都具备开端、中段和结尾。这是自人类围篝火讲故事或者在石壁上创作洞穴壁画时就采用的结构：搜寻猎物（开端），对抗猎物（中段），打败猎物（结尾）。来，看看我们的故事是不是这样：确认被教育的学生（开端）——教育对方并跟对方斗智斗勇（中段）——最终成功转化学生或者没有成功转化，班主任依然收获了新的感悟和成长（结尾）。

这种三迭式结构是大多数影片所遵循的最基本、最纯粹的结构，有开端、有冲突、有解决方案。当你选择采用基本的三迭式结构，那就是在向观众提供最容易理解的故事设计。

（二）情节上的三起三落：情绪波峰与教育契机

一般情况下，三复情节的过程表现为："进展——阻塞——进展——阻塞——进展——完成"。如《西游记》中"尸魔三戏唐三藏，圣僧恨逐美猴王"，这个三复情节就很有特点：第一次孙悟空被铁扇公主扇飞，第二次孙悟空变成小虫进入铁扇公主的肚子折腾，得到的却是假扇，第三次孙悟空又设计变身为牛魔王得到真扇，在被牛魔王骗回后，请天兵与其大战才终于如愿。这一过程充分体现孙悟空的机智聪明、神通广大以及不屈不挠的人物形象。

再回到育人情节上，一般都是"班级有个难搞的学生，经常给老师出难题。因为一件事情，老师出手修理他（发展）——然后老师发现没搞定这个学生，这个学生依然我行我素，甚至变本加厉（阻塞）——经过其他因素如老师点拨，看了专业书，听了什么培训或者灵光乍现想起李镇西、魏书生、苏霍姆林斯基说的什么话，老师改变了理念和方法（再发展）——这个学生似乎有所动，但效果不明显（再阻塞）——老师继续坚持付出，不敢指望立竿见影，终于学生有所改变，老师也完成了专业成长和教育的顿悟（完成）"。

"三复乃见作者用心"，"三复情节"不是单一的重复，而是在重复中有变化、有发展，逐步展现人物形象，凸显主旨。很多育人故事都套用这个情节模板，不同的是，如果是现场叙述故事，短短几分钟之内，用千把字完成情节的三起三落不是易事，因此很多人就努力精简三复情节，以体现故事的跌宕起伏，激起读者的兴味无穷。

（三）道具上的三字咒语：锦囊文本的符号化设计

中国古人认为"一生二，二生三，三生万物"。这里的一、二、三、万，均是虚指：一是"起点"，二是"两极"，三是"万物所聚"。日月星为"三光"，人有"三生三世"，人要"三立"（立德、立功、立言），孔子说"三人行，必有我师焉"，做事要"三思而行"，曾子的"三省"、朱熹读书的"三到"、王阳明的"三字经"。古人对"三"字可谓是用到了极致。

再如《三国演义》就是一本"三"字使用说明书，罗贯中把中国古典美学对"三"的偏爱玩出了花样。诸葛亮临死前留给姜维的三个锦囊最典型：第一个教怎么撤退保命，第二个教怎么忽悠敌人，第三个直接放出决胜大招。这三个锦囊并非随便凑数，暗合了古人说的"道生一，一生二，二生三"——就像打游戏闯关，第一关练手，第二关升级，第三关直接通关爆装备。

"三顾茅庐"更是把"三"用成了经典模板：刘备第一次上门，书童说诸葛亮不在，这是试探诚意；第二次冒着大雪来，撞见诸葛亮在睡午觉，这是考验耐心；第三次挑好日子沐浴更衣，终于换来《隆中对》的顶级战略。就像烧开水，第一次冒热气，第二次咕嘟响，第三次才彻底沸腾，三次敲门硬是把"三顾"变成了军师招聘CEO的标准流程。

这种对"三"的执着，其实是古人把宇宙规律变成故事密码的绝活。就像《易经》用三根横线（爻）就能算尽天下事，《三国演义》用三次重复的情节，就能把那些大道理变成谁都能看懂的"闯关攻略"。

三、"三迭式"手法作用的分析

三复情节如同戏曲舞台上的"三通鼓"，在重复中积蓄张力，最终在第三次爆发时叩响观众心门。这种叙事智慧，至今仍在影视剧中和文学作品里延续——主角总要经历三次失败才能成功，爱情总要错过三次才能圆满，老师总要尝试三次才能真正成长，这恰恰是对古典美学的现代呼应。

（一）三步闭环——让教育过程"看得见"

好故事需要好节奏，"三迭式"就像给教育过程装了进度条。比如，电影《放牛班的春天》，马修老师用三次关键行动改变了"池塘之底"学校的孩子们：第一次组建合唱团时乱作一团，第二次因材施教让每个孩子找到声部，第三次顶住压力完成演出。这三次就像游戏里的"闯关模式"，带着观众亲历"**发现问题——解决问题——见证改变**"的完整过程。

这种重复不是原地打转，而是螺旋上升。《死亡诗社》里基廷老师三次让学生站上课桌：第一次学生吓得不敢动，第二次有人犹豫着尝试，第三次全班都站了上去。同样的动作重复三次，传递的力量却从"震惊"变成"觉醒"。

这种手法把故事分成三个相似的段落，每段看似重复，却在层层递进中揭开教育的真谛。就像音乐中的"三段式"旋律，主歌重复但情感升华，育人故事中的"三迭式"结构，能让观众在熟悉的节奏里感受成长的蜕变。

（二）三次交锋——让师生关系"活起来"

好的角色不是纸片人，"三迭式"能让师生形象立体丰满，共同成长。电影《心灵捕手》中数学天才威尔和心理教授尚恩有三次对话：第一次互相试探像两只炸毛的猫，第二次下棋时渐渐放下戒备，第三次敞开心扉痛哭。这三次见面就像剥洋葱，一层层撕开角色的心理防线，让观众看到威尔坚硬外壳下柔软的内核。

这种设计还能让师生共同成长。日本电影《垫底辣妹》里，补习老师坪田和差生沙耶加经历了五次模拟考：从第一次的 E 到最后的逆袭，每次考试不仅学生在进步，老师也从热血满满到焦虑失眠，最后学会放手。就像跳双人舞，你进我退的三步节奏，跳出了真实的教育互动。

当故事结尾强调"教育不是结果，而是生命展开的过程"时，三选式结构已悄然将主题从"解决问题"升华为"关系共建"。**教育不是结果，在生命的过程里，在师生互动、情感交融的过程里，才会发生真正的教育。**

（三）三重意象——让教育主题"摸得着"

高级的故事总是用特别的方式来叙述主题，"三选式"能用具体符号讲抽象道理。《天堂电影院》里的老放映师艾费多，三次用电影胶片教男孩多多认识世界：童年时剪掉接吻镜头保护纯真，青年时保留片段教会他爱情，中年时拼接所有胶片让他读懂人生。三次处理胶片的方式，就像搭建了连接童年与成年的三座桥梁。

这种意象重复还能叠加出震撼力。《肖申克的救赎》里，安迪用三年建图书馆、六年教狱友知识、十九年挖通地道，这三个时间单位就像三块砖，垒成了通往自由的"教育之桥"。当观众看到第三个"三年计划"完成时，就会突然明白：**教育从来不是瞬间奇迹，而是滴水穿石的累积。**

当我们拆解这些经典作品时，会发现"三选式"手法就是教育本身的影子——第一次播种，第二次浇灌，第三次收获。它把漫长的育人过程浓缩成三个闪光时刻，让观众在"三"的魔法数字里，看见量变到质变的飞跃。因此，班主任在撰写育人故事时，不妨在情节结构上精选"三次重复"，这既是教育本身的真谛，同时也是解开故事手法的密码。

案例分析
生涯规划优秀典范：一场招聘会的教育启示

【故事背景】

新高考时代，最令高中生头疼的就是选科问题，指导他们做好生涯规划，明智地选择好学科方向，是每个高中班主任必备的专业素养。请以"选科与生涯规划"为主题，自拟题目叙述作为班主任的专业成长故事与心路历程。

【故事展示】

我的成长故事是《一场特殊的招聘会》。

学校刚刚开完选科指导大会，让学生回家根据自己的意愿进行选科。周末露露打来电话。

"老师，我明天不去上学了！以后也不去了！"

"为什么呀？我的露露学习成绩不错，可爱上学啦。"

"因为我爸让我选择政治，说我以后可以当个法官，甚至也可以像他一样当个律师——能赚钱！"

我的天呐，我赶紧给她爸打去电话，噼里啪啦一顿说，"你为什么不尊重孩子的想法？你为什么不问问孩子的心声？你这么武断！这么强暴地做了一个决定。"没想到露露的爸爸说，"唉，你们老师也太理想化了，根本不知道社会现实的需要，根本不知道露露能干什么……"

能干什么？我劝露露先回学校，我知道刚才这样说教没有用，我还被批评教育了一顿，于是我决定召开一场特殊的模拟招聘会——这一次我不说，我让别人来说。

我请了生涯规划师，这一次招聘会的招聘官就是我们班家长。其实我已经提前调查过了，班级家长资源很好，他们在各行各业都是精英，有一定的水平。我也给学生做了预设，因为露露的哭诉，之后我在班级做了问卷调查，发现原来不是露露一个人面临这种情况，好多孩子在选科上都很困扰，有家长带来的，也有不知道自己未来该做什么选择而迷茫的。我决定进行这样一场招聘会。

　　一周之后，这场特殊的招聘会就开始了。首先我们家长每个人提供一个招聘岗位，他们制订招聘计划、用人要求。学生也制作了简历，根据自己的职业兴趣提供了简历。我请的生涯规划师，是这场招聘会的观察员，招聘会就这样在我的教室里开始了。每一个孩子都根据自己的意愿积极选择岗位，家长们也不亦乐乎，各种面试、选人，决定哪个孩子更适合公司岗位。

　　招聘会结束以后，我的生涯论坛开始。一开始生涯规划师说要先做个游戏——三圈游戏。先让孩子们分析第一个圈你最擅长做什么，第二个圈做什么更有意义，第三个圈你想做什么。生涯规划师是我提前安排好的，当着家长的面说，"当这三个圈合一的时候，左右脑的功能就被激活了，孩子们从事这些事情的时候就会更有活力，更有幸福感，更能感受到价值和意义。然后我又请我的家长发言，"你们作为招聘官，希望面试到什么样的员工呢？你希望员工以怎样的心态和状态去工作呢？"我又请我的学生发言，尤其请我们露露发言，"你将来想做什么？""老师，我的偶像是林巧稚，英语课文里林巧稚是中国妇产科的开创者，是协和医院的创建者，我要像她那样做个医生，我要选择化学！"

　　我想如果露露的爸爸此刻应该明白了孩子的心声，"选我所爱，爱我所选"，该多好呀！果然，露露的爸爸"闻弦歌而知雅意"，第二天就跟我说："王老师，我尊重孩子的意愿，让她做出自己的选择，就这样定了——选择物理、化学再加个政治吧！万一不想学医了，政治也会帮助她，或许能成为一个医生呢。"露露的成长让我明白，教育不能机械空洞地说教，要创设情境让家长去感悟和思考，让我们的孩子选到自己所爱的，爱自己所选的，那也是我的德育理念渗透——"细雨湿衣看不见，闲花落地听无声"，以上是这场特殊的模拟招聘会。

【作者简介】王洪玲，中山市第一中学化学高级教师，中山市首届青年教师领军人才，北师大师范生校外实践导师。广东省青年教师教学能力大赛班主任组别二等奖、广东省教学成果展评二等奖、广东省命题比赛一等奖。

【我来点评】

一、叙述结构：双线交织的叙事张力

故事以"问题—解决"为框架，编织出明暗交织的叙事网络。明线是策划王老师的模拟招聘会，从露露的辍学危机到家长参与的职场模拟，最终以父女和解收尾，形成完整的叙事闭环；暗线则是两代人价值观的碰撞与融合，从剑拔弩张到相互理解，形成这个故事内在深沉的情感线索。

第一，叙述节奏张弛有度。

开篇电话里父女之间的冲突，将两代人的矛盾推向高潮；故事中的招聘会筹备，通过问卷调查、家长联络等细节展现教育者王老师的匠心；模拟现场上的群像描写则似交响乐章，既有学生们投递简历时忐忑的特写，又有家长们角色转换的侧面描写。结尾处的"三圈游戏"与露露父亲的妥协形成一种叙事张力，两代人在职业规划上的观念冲突，最终回归中国式家庭特有的含蓄方式——不把话说透，但彼此心照不宣地找到平衡点，既成全了孩子的梦想，又保留了长辈的牵挂。

第二，时空暗藏永恒主题。

从物理时间讲，这只是发生在一周之内的故事，却暗藏着横跨两代人亘古不变的成长主题——"你为什么不明白我的苦心"。在学生还没有真正走向社会之前，封闭的教室空间被假想成熙熙攘攘的人才市场，课桌化作招聘展台，黑板变成职业展板，这种虚拟的空间重构本身就赋予寻常场景超现实的象征色彩，对学生提前进入职业角色是一种重要的身份暗示。

二、故事主题：破茧重生的教育哲学

这个故事表层主题聚焦"生涯规划"的教育实践，深层却触及三个维度的精神觉醒：第一层是青少年的主体性建构，当露露从"父亲要我选政治"转向"我要选择化学"，标志着从他人要求向自我认知的蜕变；第二层是家长权威的解构与重构，法官父亲从"职业指定"到"政治备选"的让步，展现从传统专制家长风格向现代民主教育观的让位；第三层是班主任角色的华丽转身，王老师从说教者变为情境设计师，印证教育智慧从"授人以鱼"到"授人以渔"的进化。

这个故事在露露个体叙事中折射出当下时代的一种共性问题：当人工智能冲击职业市场，当"内卷"焦虑蔓延至基础教育，这场模拟招聘会恰似一剂清醒剂。那些在简历上认真填写的兴趣特长，那些在面试中发光的眼睛，都在叩问教育的本质——究竟是培养社会需要的螺丝钉，还是呵护生命本真的火焰？

林巧稚的意象贯穿始终，这位中国现代妇产科学的奠基者和开拓者不仅是职业偶像，更隐喻着超越功利的教育理想。当露露选择化学而非政治时，某种比职业规划更珍贵的东西正在苏醒：对生命价值的敬畏，对理想主义的坚守。

三、写作手法：虚实相生的艺术构建

第一，对比艺术的巧妙运用。

冷峻的现实主义与温暖的教育理想形成张力。法官父亲的"政治备选"与露露的"化学宣言"构成职业观碰撞，家长们的职场标准与学生们的稚嫩简历形成经验落差，传统说教的失效与情境教育的成功形成巨大反差。这种对比手法的运用，让整个故事都形成一种虚实相生的叙述氛围。

第二，留白艺术的东方智慧。

故事拒绝直白的价值输出。王老师如何说服生涯规划师参与？露露父亲彻夜未眠的思虑过程？这些空白处恰恰为读者预留思考空间。结尾"加个政治"的妥协方案，既避免非黑即白的粗暴结论，又忠实于中国家庭特有的协商文化。

四、推广经验：可迁移的教育智慧

第一，情境创设的代入感。

将抽象的职业规划转化为具体的模拟体验，符合"具身认知"的教育规律。当学生手持简历穿越"职场"，当家长佩戴胸牌审视"员工"，角色转换带来的认知冲击胜过千言万语。这种沉浸式教育模式可复制于财商培养、情感教育等多领域。

第二，资源整合的生态思维。

教师巧妙激活家长群体的职业资源，将教室变成社会联结节点。这种"教育共同体"的构建思路，为破解当下教育难点提供新范式。家长从教育旁观者变为课程共建者，其专业经验转化为鲜活教材，这种资源转化模式具有普适价值。

第三，对话机制的无声革新。

区别于传统的家长会模式，招聘会现场创造了平等对话空间。当做银行家的父亲发现儿子的艺术创造力，当做工程师的母亲重新审视女儿的昆虫标本，权威与童真的碰撞迸发出新的认知可能。这种去中心化的交流机制，为代际沟通搭建了缓冲地带。

第四，评价体系的重构尝试。

三圈游戏的实质是另类的评价革命。将"擅长、意义、热爱"置于比"分数、薪资、地位"更重要的维度，这种价值排序与焦虑时代的功利主义教育形成温柔反拨。这种评估工具经过改良，可应用于学生综合素质评价、教师职业发展指导等多个场景。

故事的深层启示在于：**教育不是非此即彼的战场，而是孵化可能的温室**。当露露父亲说出"加个政治"时，我们看到的不是观念的溃败，而是两代人共同成长的开始。这种充满张力的和解，或许才是教育最动人的风景——在理想与现实之间，永远存在着第三条道路，那里既有春泥护花的师者匠心，也有静待花开的家长智慧，更闪耀着破土而出的生命光芒。

第三章

主题班会：
从常规范式到创新实践的
系统构建

主题班会课的基本范式

在某次班主任分享交流会上，一位男老师站起来说："我有一个由来已久的困惑：学生有很多坏习惯，比如，撒谎、迟到、不认真打扫卫生，甚至是升旗仪式这么庄重的时刻，他们还是一副吊儿郎当的样子。我苦口婆心地给他们讲了很多道理，他们依然不听，有些孩子看我太辛苦，就说给老师点面子吧。但是，我不想让他们为了给我面子而有所进步，我是真地希望他们发自内心地能够认识到做好这些细节的重要性。"有人问他："开过主题班会课吗？"男老师迟疑了一会儿，说："从来没有……班会有用吗？"

《中小学德育工作指南》（2017 年）明确提出要"创新德育形式"，鼓励通过主题班会、实践活动等方式开展德育教育，强调"课程育人""文化育人""活动育人"等六大途径。虽然未直接命名"主题班会"，但其要求的"活动育人"形式与主题班会的目标高度契合。《关于深化教育教学改革全面提高义务教育质量的意见》（2019 年）文件提出要"强化实践育人"，注重通过班级活动、主题讨论等方式培养学生综合素质，与主题班会"增强学生团队合作能力""提升社会责任感"等作用一致。

主题班会课是重要的育人阵地，班主任要善于通过开展形式多样、内容丰富的主题班会课达到育人目的。但在实际的日常教育生活中，课表上的班会课往往会被其他学科占用，或者成为班主任总结班级管理工作的专用时间。正如上面提问的那位男教师，我们大部分班主任都没有意识到主题班会课的重要性。

一、主题班会课的概念解读

北京教育学院教授迟希新在《有效主题班会八讲》中对主题班会课作了如下阐释：在班主任的主导下，全体学生共同参与的、为解决班级或学生成长中存在的教育问题，围绕某个主题而实施的教育活动。南京著名班主任专家陈宇在《班主任工作十讲》里说：主题班会课就是在班主任指导下，以班级为单位，围绕一定主题组织的，对全班同学开展的以课程形式呈现的教育活动。

我们也可以把"主题班会课"从字面上进行拆解来了解其内涵。"班"即班级，如以年级或小组为单位，那叫"级会"或"组会"；"会"就是"大家在一起"，包括全体学生、班主任以及需要邀请的嘉宾；作为"课"，它必须具备一堂课的基本结构，如导入、学习、练习、反馈、小结、布置作业等；"主题"需要围绕某一教育主题，聚焦一定的话题来展开。

主题班会课的发展尽管已有一段时间，也取得了一些成效，但依然有一些明显的弊端。当下最为流行、备受学生欢迎的是体验式主题班会课。根据卓月琴《班主任基本功实战案例解析与指导》：体验式主题班会课，是围绕某一教育主题，以"情景展示（或模拟）、设疑提问、交流讨论、问题解决、经验提炼、迁移训练"等策略，组织集体教育活动，情境化地对学生进行思想道德教育，通过唤起学生相应的情感体验，促进其思想道德发展。它以学生形成道德自觉为目标，以体验为学习方式，在教育过程中达到认知学习和情感体验的有机结合，激情与明理、导行的相互促进，最终目的是让学生在学习中领悟做人道理，选择正确的行为方式，实现自我教育。

凸显体验式学习的主题班会课，折射出当代一些教育思潮对其发展的影响，如建构主义理论认为，学习主体不同，对事物建构的内容和意义也不尽相同。因此，教学要尊重每个学生的独特体验。而体验德育论相信，只有亲身经历过的，才能真正被掌握并内化，因此，要让学生在体验活动中获得知识经验，从而促进学生全方位发展。生活德育论强调教育与生活的链接，教育既要关注学生的未来，也要关心学生的当下，因此教育活动要紧密联系学生的生活，从生活出发，让课堂更贴近学生实际。杜威认为，引导学生从那些有教育意义的、真正有兴趣的活动中进行学习，以此促进学生健康成长。

二、主题班会课的主要功能

著名班主任陈宇老师提过一个案例：开学第三周，班主任正在为一系列事情抓狂：年级迎新联欢会，没有一个人报名；早晨发现有人抄作业；昨天听隔壁班班主任说，自己班里的某男生开始谈恋爱了；午休纪律一团糟，被校长通报批评了；第一单元语文测验，班级成绩在年级倒数；领导布置了一个任务，要求完成《班级公约》；本周还要上交学期班主任工作计划……那么，下周班会课安排什么内容好？

其实这个问题一点都不难！联欢会没有人报节目，那就把"自愿报名"改为"小组推荐"，有人抄作业，那就提醒全班同学，老师已发现这个问题，下周重点解决；早恋的男生，先在周记里沟通；午休纪律不好，请值日班长打铃后播放舒缓的音乐，五分钟后关灯；语文测验成绩差，向语文老师和科代表了解情况，思考对策；而下周的主题班会课要马上行动，班主任工作计划和《班级公约》两件事一起做，把计划主要内容变成公约。

有人会问，这是为什么呢？很简单，表面上这个班级乱象丛生，但实际上问题根源就在于班级还没有形成公约，没有形成规则意识，因此将班主任工作计划与召开《班级公约》作为班会课主要内容，就是抓住了班级管理的牛鼻子，一旦班级公约确定，师生之间形成契约，班级公约就会生效，会自然约束学生的行为，那些让班主任抓狂的事情就会有转机。因此，从这个思想实验来看，主题班会课具有突出的重要作用。

根据迟希新的研究，"主题班会课作为班级活动的一种特殊形式，具有许多功能：可以增强班级凝聚力，引领班级集体舆论，倡导良好风尚，形成良好班风，澄清学生就某些现象或问题的模糊认识，给学生清晰明确的方向导引，促进学生自我教育"。根据多年一线教学教育经验，笔者认为，主题班会课具有价值引领、团队建设、增长知识、激励感染以及自我教育等功能。

（一）主题班会课具有价值引领的功能

通过价值澄清的方式，针对某一问题进行深入讨论，帮助学生解决日常生活中遇到的各种困惑，帮助他们进行正确的价值选择，树立正确的人生理想和价值观。如社会主义核心价值观、中国梦、创建文明城市和党史学习属于同一类的班会课，还有一类如生命教育主题的《复活记》，两难问题的《诚信就是100块吗》，情义与法律冲突的《铁包公与抚媚娘》。

（二）主题班会课具有团队建设的功能

一次卓有成效的主题班会课，会让学生在心灵上受到较大震动，对学生的行为产生深远影响，从而推动良好班风的形成，使班级成为一个文明、优秀和团结协作意识强的班集体。一般来讲，新建班级安排一些破冰的主题班会课，班集体凝聚力会更强。如开学第一课《嗨，等你很久了》和《我们共创一种美好》等。

（三）主题班会课具有增长知识的功能

学生在某方面知识比较缺乏，班主任也可以通过主题班会课的形式对学生进行普及教育，如青春期系列主题班会课《我们只有一次青春》，又如心理健康的主题班会课《我抑郁了》，再如《别说你懂日本》《尔滨今年有点火》这样的地域人文班会课。

（四）主题班会课具有激励感染的功能

有效的主题班会课能够触动学生的心灵，引发他们的情感共鸣，激发他们的道德情感，进而促发道德移情的发生。主题班会课中那种积极的情感体验会在学生群体中形成感染效应，营造一种良好的情感氛围。如《身体好是一项了不起的软实力》《读书何以重要》《复活记》《寒假里，把自己活成一个动词》《暗时间管理》，等等。

（五）主题班会课具有自我教育的功能

正如本文开头那位男教师的困惑一样，教育的功能并不是以灌输说教的方式来告诉学生"必须怎么做"，而是给学生体验空间和自主选择的机会，让学生去体会"为什么要这样做"，它是一种潜移默化的影响。如学生早恋，可以设计一堂《假如生活欺骗了你》；学生说脏话，可以设计《向×××学习，用诗一样的语言去表达》；学生不守规则，可以设计一堂《阎罗审讯记》；学生不认真学习，可以设计一堂《学习"进淄赶烤"，烤一片你的"锦绣前程"》。

三、主题班会课的基本范式

在开展主题班会课之前，需要先进行课程设计。在此我们以最终呈现的主题班会设计文本为例，来谈谈一节主题班会课应该具备哪些主要环节和关键要素。

一份完整的主题班会设计需要以下几个要素：题目、背景（包括学情）、班会目标、设计思路、活动准备、实施过程、课后拓展和反思改进。

（一）题目

班会题目提示了班会内容和价值观，需要新颖、点题，且能吸引学生注意力。有的题目简单明了，如《如果有来生》《劝学记》；略长的题目要讲究对仗，如《高擎工匠精神火炬，照亮专业发展之路》《我服务我奉献 我快乐》；也可以是单题目如《学霸都是长期主义者》《我给你开一张拖延诊疗单》；或者正副双标题，正标题一般比较文艺、玄虚，副标题就实在一些，点出班会的主要内容，如《我也要做喜羊羊——学会倾听很重要》《枪响之后，谁是赢家——校园防欺凌班会课》。

（二）班会背景

班会背景需要交待设计这节主题班会课的背景情况，包括时代、社会、学校、区域情况以及本班级学生的情况，也可以从宏观、中观和微观三个层面来描述。如笔者设计的主题班会课《小米粒，大担当》中，班会背景是这样描述的。

近期联合国称，今年共有 25 个国家面临严重的饥饿风险，预计全世界将有 6.9 亿人处于饥饿状态，世界濒临至少 50 年来最严重的粮食危机。虽然中国目前不缺粮食，但是社会上粮食浪费现象非常严重，习近平总书记说："餐饮浪费现象，触目惊心、令人痛心！"我所带的班级是 19 智能电子（2）班，学生在平时吃饭、点外卖时存在一定程度的浪费现象。为提高学生节约粮食意识，我设计了《小米粒，大担当》的主题班会。

（三）班会目标

这是召开主题班会目的的具体化，是主题班会实施后要达到的具体效果。当前业界公认的班会课目标参考了布鲁姆三维目标理论（布鲁姆将教育目标划分为认知、情感和操作三个领域，共同构成教育目标体系）和中职思政课的三维目标，即认知、情感态度价值观和运用，简称为知、信、行。简言之，就是认知目标、情感目标和行为目标。认知目标指的是通过这节课，学生"了解""认识""知道""明白"了哪些知识；在情感目标中，学生"培养""树立""感受""体会"了哪些情感和信念；行动目标就落实在日常实际行动上，高频率使用的词语有"养成……习惯""改变……行为""践行……""弘扬……"等。

（四）设计思路

主题班会课的设计思路解决的是"为什么这么设计"的问题，需要用一两句话来表明班会背后所运用的德育原理以及通过什么样的途径来达成上述班会目标。尤其在班主任比赛中，如果选手能把这部分讲得清楚、透彻，那么评委会认为你的理论功底深厚、设计思路清晰。如《小米粒，大担当》的设计思路这样表述。

基于案例背景和学生认知特点，根据课堂联系生活的德育原则，本次主题班会课主要以体验、感悟、分享的方式促进学生进行自我教育，设计了四个环节：疫情下的危机、舌尖上的浪费、研论后的思考和职业人的担当。

（五）班会准备

班会准备分为教师准备和学生准备。如果学生准备还分小组的话，需要把每一小组的准备工作列出来，让别人看了就明白，在这节班会课之前，大家都进行了哪些前置工作。如《小米粒，大担当》中准备部分包括。

①教师准备：粮食危机的视频、25公斤的大米一袋、大白纸4张和彩笔4盒。

②学生准备：全班分为四个小组进行社会调查。

第一小组：搜集关于浪费粮食的电视节目；

第二小组：搜集食堂、饭店、家庭浪费图片；

第三小组：邀请学校食堂陈经理做分享；

第四小组：在全校范围内做社会调查。

（六）实施过程

实施过程是主题班会方案设计的重点，是达成班会目标的主要途径，也是体现班会水平的环节。根据黄正平在《主题班会》中的观点："主题班会的实施过程应包括导入、展开、提升等环节。各环节之间要逻辑自洽、内在关联、层层推进。内容要丰富充实，避免空洞无物，体现班主任的学识修养和经验积累。实施环节的表述要简单、清晰、完整。重点说明这一环节是什么（有环节名称）、做什么（概述活动内容）、怎么做（简单描述教师和学生活动），以及为什么这么做（说明这一环节的设计意图和期望达成的效果）。"

实施环节的设计藏着设计者的独具匠心。一般来讲，主题班会课的实施过程分为 3~4 个环节。常用的活动形式通常有以下几种。

1. 体验型活动

体验型活动即通过为学生提供相应的体验机会，让他们获得比较深入的个人体验，从而加深对相关主题教育内容的理解。

2. 讨论型活动

讨论型活动即学生在班主任老师的引导下，围绕某个主题进行深入的探讨或辩论，从而获得对某个主题的价值澄清。

3. 表演型活动

表演型活动即通过让学生模拟一定的生活场景，来获得对某种行为的心理体验，从而加深对问题的理解。

4. 叙述型活动

叙述型活动即通过讲述故事，调动学生对故事内容的体验，唤起学生的情感共鸣。

更多情况是以上这几种类型活动的综合应用。

那么，主题班会课各环节之间的结构和关系如何呢？笔者曾经听过一种说法："主题班会课的实施过程，就像俄罗斯方块一样，根据班会目标进行切换拼凑。"这种看法说明对主题班会课的内在结构和逻辑没有一个基本的了解。

主题班会课要按照"知—情—意—行"的内在逻辑逐步展开，这既是学生品德形成的规律，又是德育"内生外化"的必要充分条件。"知"是学生在思想品德方面的认识；"情"是对某个问题形成自己的情感好恶，或者对某种价值观形成情感认同；"意"指的是学生的情感体验引发共鸣后，想要形成这样品德的意愿和决心；"行"是具体落实在行为上的品德行为和实践。这四个层次是学生个体在从道德认知走向道德自觉行为的必然过程，也是德育从学生内心的价值澄清走向学生外在行为改变的过程。

我们经常说"知行合一"，但这是何等的难啊。"知道并不等于做到"，因为"知道"和"做到"之间还有长长的路要走，要形成情感共鸣，促成践行冲动，才能谈得上"做到"。主题班会课就是这样一个过程，"晓之以理，动之以情，导之以行，持之以恒"，最终达到"知行合一"。

具体来讲，主题班会实施过程可以是："**激发体验——诱导体验——升华体验——实践体验**"，也可以是"**开拓认识——情感共鸣——加深理解——最终践行**"。因此，俄罗斯方块拼得再好看，也拼不出逻辑美学来。拼盘式的班会课千万要不得！

（七）课后拓展

课后拓展是主题班会实施后的最后一步，"一节班会课解决不了太多问题，更不能彻底解决问题"，因此主题班会课的教育效果需要课后进一步巩固或深化，继续解决活动过程中尚未解决的问题，或者是对本节班会课进行系列拓展。

（八）反思改进

主题班会课作为课堂教学，非常有必要进行总结反思。2021年教育部基础教育司组织的全国中小学班主任基本功展示交流活动方案中明确要求"班会反思"这一环节。反思一般从以下三个方面进行。

1. 班会活动方案的反思

主要包括班会主题的选择是否合适，切入口是否太大或者太小，主题提炼是否有一定的深度，主题是否来自实际教育中的真问题等方面。

2. 班会实施过程的反思

几个环节的推进是否符合学生品德形成规律，一些活动的设计是否符合预想，如果不符合，原因是什么。

3. 班会效果的反思

主题班会最终效果是否达成了班会目标，学生内心是否受到了震动，德育"内生外化"的规律是否在这节课中有所显现，这些都是要评估的重要维度。

主题班会课的走心模式——五"真"五"新"

一、主题班会课的现实困境与破局之道

"上周的班会课，学生全程低头写作业，只有班干部在念稿子。"一位班主任的无奈吐槽，折射出当前班会课的普遍尴尬：精心策划的活动成了"独角戏"，耗时耗力的准备换不来实际效果。为何班会课总是"热热闹闹开场，冷冷清清收场"？根本原因在于许多班会课停留在"表演式德育"层面，缺乏真实问题的触及和持续性的行动跟进。

笔者在 10 年班主任实践中发现，一节走心的主题班会课需具备"五真五新"特质——"真问题、真设计、真参与、真生成、真反思"与"理念新、素材新、活动新、方法新、评价新"。这 10 个关键词如同齿轮咬合，共同驱动班会课从"形式主义"走向"真实育人"。

二、"五真"筑基：让教育真实发生

（一）真问题：从"假大空"到"真痛点"

主题班会课的策划与实施，只有一条根本目的——解决实际问题。因此班主任要用心观察、深入理解学生的思想状态，敏锐把握教育生活中的痛点、热点、难点，抓住学生的真需求，呈现教育的真问题。只有抓住了真问题，师生才会真诚合作，才会探究问题如何解决。因此，在班会设计的背景叙述里，要开宗明义地说明开展班会课的原因来源于班级实际存在的哪个问题，或者学生当前成长迫切需要解决的问题；问题的表象是什么，问题产生的社会学和心理学依据是什么。抓住真问题，是主题班会课走向有效性的第一步。

某初二年级曾因"学生沉迷手机"召开班会，教师准备的PPT满是"网络危害"数据，台下学生却窃笑："老师自己上课还刷抖音呢！"这种脱离实际的"伪问题"必然失效。真正的"真问题"挖掘需要三步走。

1. 搜集问题

通过匿名问卷、树洞信箱收集真实困惑，如"为什么朋友总误会我？""我不想值日"，等等。

2. 痛点归类

将零散问题归纳为成长型（人际交往）、矫正型（纪律问题）、发展型（生涯规划）三类。

3. 场景还原

用情景剧还原"自习课传纸条引发冲突"等具体事件，把问题搬到舞台上让学生直面。

（二）真设计：从"拼方块"到"生长链"

一份真设计，应该紧扣学生的心理特点、认知特点以及思维水平，同时还要将教育资源和物质条件纳入考量范围：现有条件下，我们能够采取什么样的途径和方法，来达成教育效果。

真设计还有一层意义，就是班会设计要层层递进，有一定的逻辑性：设计环节要遵循学生品德形成规律，即"道德认知——道德情感——道德意志——道德行为"的逻辑顺序。如小学三年级主题班会课《情绪，你好》设计了四个环节：激趣导入，认识情绪——情景小剧，感受情绪——帮帮小组，调控情绪——锦囊妙计，再见情绪。四个环节之间呈现出知情意行的逻辑递进性。

传统班会常把"讲故事＋看视频＋宣誓"拼凑成课，看似环节丰富，实则逻辑断裂。真正有效的设计应像"闯关游戏"层层递进：认知——情感——行动——迁移。切忌班会环节拼凑化、娱乐化。一份真设计，要将班会课的目标、问题、活动和评价四要素可视化，这是班会课的底气所在。

（三）真参与：从"观众席"到"主舞台"

师生身心投入班会全过程，积极主动地思考、表达和参与。班级氛围是活跃的，学生思想是灵动的，教师引导是自然的，整个场域是和谐的、激烈的、惊喜的；若有旁听者，也会不由自主沉浸其中，跟随班会节奏进入"无我"状态。

北京某中学的《网络暴力》主题班会课按照**"预热话题——破冰活动——深度探讨——行动承诺"**给出示范：学生先在匿名平台写下被嘲笑的经历，生成"语言暴力词云"；用"伤痕贴纸"模拟网络暴力造成的心理创伤；学生分组辩论"以暴制暴是否合理"，老师邀请网警连线讲解法律边界；师生集体创作《键盘侠改造手册》，在校园设置"言论消毒站"。这种设计让80%的学生主动发言，课后有学生自发成立"清朗网络社"，真正实现从"要我说"到"我要做"的转变。

而一场没有真正参与的班会课，班主任照本宣科，说着一堆假大空话语，事先安排的发言者中规中矩，课程节奏稳步前进，结果适得其反——学生看到老师是如何弄虚作假、如何敷衍应付，班主任白白错失一场真教育发生的良机！真参与是主题班会课走向实效性的直接佐证。

（四）真生成：拥抱"失控"的教育契机

班会课需要有一定的预设，但更应该重视现场生成。作为组织者和引导者，班主任应该营造宽松从容的氛围，让学生在活动中体验，在体验中思考，在思考中感悟，在感悟中形成正确的价值观。即便班主任在课前准备周全，在实际班会过程中，总有一些让人"意外"的对话和互动。班主任应该珍惜这样的"节外生枝"，因为真实的生成反映学生真感情、真体验、真领悟，是学生道德水平发生的必然过程。

如主题班会课《友谊覆舟记》中，预设环节是讨论"如何化解矛盾"，不料有一位学生突然哭诉："我根本没有朋友！"教师立即调整流程，发起"友谊盲盒"活动——每人匿名写下想对同学说的话，意外促成三对"冷战"同学和解。这种"计划外"的生成，往往是非常珍贵的教育契机。捕捉课堂中真实的生成细节，让教育在每一个场景里自然地发生，这是主题班会课走向实效性的又一法宝。

（五）真反思：用数据说话

班会设计是否符合学情，班会开展过程中实施的每一个环节是否得当，最终是否达成了预设目标，是否真正解决了班级问题，这些都是反思内容。如广州白云区某中学开发《班会效果追踪表》，包含三个维度：**行为变化**（如迟到次数减少）；**认知提升**（后测问卷得分增长）；**情感共鸣**（学生周记中相关话题出现频率）。通过持续追踪，量化研究与质化研究相结合，学生行为习惯改善显著，班会课的实效性得到大幅度提升。

另外，还可以总结一下亮点和特色，以及收获了哪些意想不到的效果，挖掘一下学生的表现和状态与整体生长节奏之间的关系。没有实践就没有反思，没有反思就没有感悟，没有感悟就没有提升，唯有深刻反思和及时纠正，主题班会课才能彻底走向实效性。

三、"五新"赋能：让课堂焕发活力

（一）理念新：从"说教者"到"脚手架"

教育理念新颖关系到三个方面：可以避免价值观的强制与灌输，可以保证切实发挥学生的主体作用，可以最大程度地杜绝班会组织过程中的"新形式主义"——假借班会之名，行灌输之实。对于德育所起作用，主题班会课和班级活动等显性德育固然会发生作用，但师生交往、班级文化、校园环境等潜在发生教育影响的隐形德育，因其形式及发生作用机制的特殊性，更容易让学生接受，更容易取得寓教育于无形的效果。

那么，学生在班会中是如何发生道德水平改变的，根据迟希新的看法，学生通过班会形成关于某一问题的强烈感受和体验，并逐渐形成自己的态度。但是，班主任还应该客观看待"德育之重""德育之难"，因为价值教育自身的多元性、复杂性和长期性等特质给价值教育带来了极大挑战。

在一场关于职业梦想的班会中，班主任不再灌输"崇高理想"，而是邀请家长拍摄他们工作现场的视频（Vlog），邀请学生参与设计"职业体验卡"（如医生需单手系鞋带模拟手术操作），并开展"梦想拍卖会"，用虚拟币竞拍不同人生选项。

在这种设计里，学生不仅理解了职业差异，更体会到"选择即责任"的含义。理念切合学生实际，就是主题班会课走向新颖性的重要原因。

（二）素材新：建立"动态素材库"

班主任要想将主题班会课开展得有声有色，必须建立动态素材库长期备用。通过阅读、浏览相关网站，关注优质公众号，搜集和积累大量素材；然后将素材按照主题进行分门别类，如笔者备赛时素材库里有爱国、传统文化、生命教育等八个主题；素材包括故事、视频、图片或者思维导图，总之，凡是能够给予启发、触动心灵、引人深思的素材，都纳入到素材库中。新岗班主任纪老师的班会素材库有三个分区：热点区（收纳神舟发射、冬奥健儿等时效性素材）、情感区（收藏《人间世》《人生第一次》等纪录片片段）和工具区（积累"MBTI性格测试""生涯彩虹图"等专业量表）。

作为班主任，不能像蜘蛛结网一样固步自封，认为自己的东西就是最好的，也不要学蚂蚁搬运一样，虽然非常努力，但搬来的东西终究效果有限。优秀班主任应该像蜜蜂一样，采集最精华的花粉，酿成最甜蜜的蜂蜜，懂得选择和改造，善于反思和建构，将学来的知识及时生成实践成果。

（三）活动新：让课堂"破壁出圈"

素材毕竟是原始的，需要根据实际情况创设形式多样的活动。一次成功的班会课，要摒弃传统模式，进行创新模式设计，如常见的戏剧导入、情景场景、模拟对话、两难问题、轮流发言、小组讨论、辩论赛；

图片、音乐、漫画、音频、视频、微电影；讲故事、新闻播报、读文章；调查问卷、表格呈现、采访访谈；才艺展示、游戏竞赛、表演小品；唱歌、朗诵、宣誓、集体签名、喊口号；家长参与、邀请嘉宾、网络连线等。

例如，在预防校园欺凌的班会课上，采用模拟法庭形式，效果别样生动震撼。再如，开展丝绸之路主题班会时，通过 VR 设备"实地"考察敦煌，这是"时空破壁"；邀请环卫工人参加劳动主题班会时，可以设计让学生体验凌晨清扫街道，这是"角色破壁"；使用"弹幕墙"实时呈现观点，让害羞的学生也能畅所欲言，这是"技术破壁"。活动形式多样有趣，是主题班会课走向新颖性的重要保障。

（四）方法新：把多学科方法工具搬进课堂

根据中小学生身心发展特点，可以采用恰当的德育方法达到教育效果，如情感陶冶法和价值澄清法。情感陶冶法就是班主任通过设置情景、营造氛围让学生融入道德教育的环境，使学生在潜移默化中受到感染和熏陶，在耳濡目染中心灵受到感化；"以情育情""以境育情""以形育情"，是常见的具体方法。价值澄清法适用于中学生，班主任通过对话引导学生思考并选择自己的价值立场，体验和澄清自己的人生态度，提高学生自身的道德修养。价值澄清法用得好，学生会体验到思维辩证的无穷妙处，班主任也会真正体会到引导的影响力。

班会课中还可以引入一些跨学科的工具：心理学工具——运用"情绪 ABC 理论"，引导学生分析考试焦虑事件中的认知偏差；社会学工具——在制定《班级公约》时，设计"班级 SWOT 分析矩阵"，让学生分组诊断班级优势、劣势、机遇与威胁；数学统计法——通过"问题热力分布图"（饼状图+柱状图），来量化展示自习纪律、卫生等班级痛点，用数据驱动改进决策。

（五）评价新：从"打分表"到"成长树"

学生也可以成为主题班会课的评价者。传统做法多使用问卷星打分表，但一位班主任设计了"班会能量树"："根系"记录问题溯源过程，"树干"呈现课堂关键对话，"果实"展示后续行动成果。到学期末，学生看着"小树"长成"森林"，成就感油然而生。

德育专家对班会课的评价标准有多种说法，其中河北名班主任裴凌霄认为评价一节班会课需要有以下标准。

主题明确，导入贴切；

重点突出，导向正确；

精选素材，创新形式；

适度预设，因势利导；

整合资源，形成合力。

当班会课不再是为了"拍照片留痕迹"，当学生讨论时眼里有光，当那些"意外的生成"成为教育的美好邂逅，"五真五新"便真正落地生根。这不仅是技术的革新，更是教育者从"管理者"到"成长合伙人"的思维蜕变。正如教育家杜威所言："教育不是为生活准备，教育本身就是生活。"让每一次班会都成为师生共同书写的成长叙事，这或许就是德育最美的模样。

主题班会课的评价标准——对标"十性"

　　一节主题班会课上得究竟好不好的评价标准，目前学术界已有一些成果。广东第二师范学院朱旭在《"四好"班会课筑牢德育主阵地》中提到，好的班会课应该体现在四个方面：点石成金的好主题、量体裁衣的好设计、浑然天成的好实施和深入人心的好效果。江苏省第二师范学院黄正平在《主题班会》中强调，优秀的主题班会课应该把握这几个方面：主题具有思想性、内容具有真实性、形式具有新颖性、氛围具有感染性和师生具有互动性。

　　既然主题班会是对学生进行思想品德教育的重要载体，那么笔者认为班会课上得好不好，不仅要考查班会的选题、设计和实施，而且更应该考查是否对学生的情感认知和道德行为有显著的效果，换句话说，要基于学生的成长发展来评价主题班会的有效性，审视主题班会教育目标的达成度。因此，基于以学生为本的教育理念，一堂好的班会课需要具备"十性"：明确的思想性和教育性、鲜明的时代性和针对性、学生的主体性和参与性、素材的多样性和创新性、结构的规范性和逻辑性。

一、明确的思想性和教育性

　　培养什么人、怎样培养人、为谁培养人是教育的根本问题。党中央明确提出要把"立德树人作为教育的根本任务"，并要求"把立德树人融入思想道德教育、文化知识教育、社会实践教育各环节"。作为培养人的专门机构，学校要贯彻落实党和国家有关教育方面的重大方针政策，如《中小学德育工作指南》《中小学生守则》的有关要求，培育和践行社会主义核心价值观，以及当前教育改革发展面临的形势与任务。

　　中小学阶段正处于"拔节孕穗期"，是学生世界观、人生观、价值观形成的关键期，最需要教师精心教育引导。因此，班主任对学生这种价值引领和道德示范必然要体现在作为班主任设计的主题班会里。思想性和教育性是主题班会课的出发点，也是主题班会课的灵魂。每一节主题班会课，班主任都要挖掘思想内涵，导向必须鲜明，且贯穿主题班会课的始终，精心提炼价值追求，尽力做到让学生入脑入心入行。

一些班会以片面取乐为主，将主题班会搞成了文艺晚会和联谊会，如开展感恩节主题班会课，全程进行南瓜雕刻比赛、火鸡知识竞猜，却未涉及感恩父母师长等核心价值引导，沦为西方节日文化展演。另一些班会过于注重形式，将主题班会变成时事教育，内容大而空，缺乏教育性和思想性，教育目标模糊空洞。学生在这些活动中很难体会到主题班会启智、明理、怡情、育德与导行的功能。

二、鲜明的时代性和针对性

主题班会课要想取得实效，必须贴近学生、贴近生活和贴近实际，这就是德育的"三贴近"原则。主题班会课要从紧密结合时代发展的特点，从学生的生活与思想实际出发，围绕学生最感兴趣、最为困惑、最能提升思维品质的话题，遵循青少年品格发展的知、情、意、行四个层次，进行班会主题的选择。根据朱旭的《"四好"班会课筑牢德育主阵地》一文，班会主题的选择要遵循"小切口，大纵深"的原则，"小切口"要在宏观主题中选择贴近学生实际的微观主题入手，"大纵深"要在微观主题中拔高政治站位、提升价值引领的功能。

每一节主题班会都有班会背景分析环节，既要结合时代发展特点解析班会主题，又要对班级以及学生进行详细分析，从宏观、中观到微观，层层递进说明组织开展主题班会课的重要性和必要性。而在班会课的实施过程中，班主任要善于运用创设情境、互动对话、沉浸体验等多种教育手段，将道德认知、理性思辨与价值引领有机结合起来，进而取得良好的教育效果。这表现出班主任老师对于时代脉搏的精准把握、对于学生年龄特点和心理状态的科学认识，以及对于德育规律和学生身心发展规律的自觉遵守。

三、学生的主体性和参与性

学生是发展中的人，是品德发展的个体。因此，组织实施主题班会课的出发点和落脚点，要不断满足学生精神成长需求，促进他们的全面发展。主题班会课不能靠班主任的价值灌输和道理说教来完成，而要以生为本，坚持学生的主体性和参与性，**让学生站在课堂的正中央！**

每个时代的人都具有这个时代的烙印。数字时代的青少年，更加注重自我选择和自我发展，倾向于根据自己的兴趣和意愿做出决策，他们的思想意识不断更新发展，接受新鲜事物并传播新理念，尤其是处于青春期的孩子，他们在半成熟与半幼稚、独立性与依赖性、自觉性与冲动性等错综复杂、矛盾交织的内心激烈震荡中寻求着身心的平衡与发展。

因此，班主任通过主题班会课对学生进行思想教育，应当必须遵循学生的身心发展规律，坚持"以生为本"的育人理念，凸显学生的主体地位，围绕每一名学生的精神发展，尊重他们的发展需求和个性特点，调动学生的主动性和积极性，使全体学生愿意参与、主动参与、能够参与。同时在主题班会实施过程中，班主任不能"照本宣科"，照着设计文案往下走，而要重视学生在活动过程中的自我建构和创造生成，注重学生的主观体验和感性经历，让学生的道德认知、情感和行为水到渠成地深化与提升。正如苏霍姆林斯基所说："只有能够激发学生进行自我教育的教育，才是真正的教育。"

四、素材的多样性和创新性

主题班会课是一种创造性的教育活动。班会课虽然是思政课范畴，但目前没有教材、没有课标、没有课本，更没有现成的固定模式，它不囿于任何框架，从而为班主任发挥自己的独有风格提供了广阔的空间。班主任在设计班会活动的时候，要力求立意新颖，方法和形式生动多样，不落俗套，寓理于情、由情悟理、富有创意，体现新思路、新角度、新特色和新水平。

学生具有喜欢求新、求异、求变的心理特点和发展需要，班主任在主题班会课的设计中，要善于运用多种活动形式，如通过问卷调查、情景表演、知识竞赛、问题辩论等教育手段，整合学生、家长、任课老师、社区、企业等各方资源，做好设计与组织实施工作，以充分实现活动育人的独特价值。

而良好教育效果的显现，不仅依托于教学手段方法的多样新颖，更建立在班主任长期的素材积累，以及对学情的深入思考和把握的基础之上，进而达到有的放矢、浑然天成的效果。

素材从哪里来？现实生活、书籍杂志、网络信息中有很多具有教育价值的素材。一句名言、一副对联、一首诗、一个桥段、一个故事、一篇美文、一个图片、一个小视频，班级、家庭、社会上发生的热点问题，皆可成为班会素材。素材需要班主任长期积累，更需要班主任具有一定的敏锐度，能够从看似平凡普通的现象中挖掘出其内在的教育意涵。

五、结构的规范性和逻辑性

根据2021年教育部基础教育司关于中小学班主任基本功交流活动文件，一节完整的班会课设计需要具备以下七个元素：班会题目、班会背景、班会目标、班会准备、实施过程、课后拓展和班会反思。其中"知、信、行"的三维班会目标，与学科的三维目标（知识与技能、过程与方法、情感态度价值观）不同。由于主题班会课属于思想品德教育，因此把认知、情感和行为确定为三维目标，这本身就符合品德由认知、情感和行为构成的三要素理论，符合主题班会促进人的道德发展的价值追求，实现知识性与价值性的统一。目前业界在这一点达成了统一。

班会设计要体现规范性和结构化，实施步骤具体完整，过程操作性强，具有清晰的层次感。各个环节之间具有内在的逻辑性，呈现循序渐进、螺旋上升的过程，遵循"知情意行"的品德形成规律。班主任可以采用质疑、设身处地、因果分析、价值辨析等方式或策略，引导学生全面深入地思考问题，升华体验，从而达到澄清观念、提高认识、改变行为、促进人格健康发展的目的。

综上所述，一堂好的班会课需要具备"十性"：明确的思想性和教育性、鲜明的时代性和针对性、学生的主体性和参与性、素材的多样性和创新性、结构的规范性和逻辑性。十性班会课，筑牢德育主阵地，培育时代新青年。

主题班会课的备课策略——素材库、系列化、好模板和本土化

　　根据 2021 年教育部基础教育司印发的《关于开展 2021 年全国中小学班主任基本功和思政课教师教学基本功展示交流活动的通知》(教基司【2021】29 号)，要求主题班会课"主题鲜明（题目自拟）、目标明确、准备充分、内容紧扣主题、形式新颖多样，注重学生体验感和参与度，5000 字的班会设计文本和 40 分钟以内的班会实录视频"。对于一场全国性的作品交流活动来说，班主任有较大发挥空间。

　　而 2023 年广东省第四届青教赛班主任决赛关于主题班会的内容是："根据背景材料设计一节主题班会（班集体活动），展示设计要点，并说明设计理念，选手提前 15 分钟抽取案例进行准备，答辩时间 4 分钟，回答评委提问时间 2 分钟（不含评委提问时间）；班会要求其主题体现时代性和教育性，内容具有针对性和实效性，形式以活动为基本载体，具有新颖性、创新性和完整性；过程突出学生的主体性和师生的互动性"。在内容上要求"结合学段特点，以学习贯彻党的二十大精神为题，深化爱国主义、集体主义、社会主义教育，开展爱党爱国、中国特色社会主义和中国梦、国情和形势政策、中华优秀传统文化等方面的教育，引导学生积极践行社会主义核心价值观，养成良好的思想品德和行为习惯"。

　　对比班主任基本功交流活动，青教赛的班主任决赛虽说主题方面没有要求，但在内容、形式、过程和效果等方面都提出了更高一筹的要求。为什么班主任比赛要考查选手的主题班会设计能力，前面说过，把主题班会课上好是班主任的一项基本功，也是落实立德树人的根本任务。通过主题班会，笔者认为可以考查班主任三方面的能力，第一，班

主任运用教育理念确立班会主题及构思整体方案的能力；第二，根据学生心理年龄特征、品德形成规律以及整合教育资源有效组织主题班会的能力；第三，清晰表达、准确演绎班会课的基本技能。换句话说，主题班会课实际上考查的是班主任设计并组织实施思政课程的能力。

面对这样高要求高水准的赛项，很多班主任都觉得无从下手、无所适从。因为平时我们对待班会课就没这么认真过，根据笔者一线调研，绝大多数学校尽管课表上有班会课，但班会课在实施过程中仍然存在低效甚至是无效的现象。具体有几种情况：第一，班会课被挪作他用，班主任或者其他老师占用班会课；第二，班会缺乏主题。班主任事先没有准备，上台东拉西扯，总结上周部署下周，一节宝贵的班会课就这样过去了；第三，学校缺乏对主题班会课的统一规划，导致班主任"各自为政"，绝大部分班级都没有充分利用好这一育人主阵地。

主题班会课的重要性，被大部分德育工作者忽略了。尤其是在班主任工作压力大、班级事务繁杂的情况下，绝大部分班主任缺乏这种意识，缺乏设计、组织和实施主题班会课的训练机会，最终导致缺乏这种设计课程的能力。因此在面对班主任比赛时，难免会感到底气不足。根据笔者经验，要想备好主题班会课，需要在四个方面多下功夫：素材库、系列化、好模板和本土化。

一、关注日常积累，形成一个素材库

"得之于顷刻，积之于平日"，设计主题班会课需要平时进行大量的素材积累。或者说，搜集与积累素材，具有厚积爆发的意义，是主题班会取得成功的重要前提。如果班主任平时没有任何积累，上班会的经验也寥寥，那么如果在第二天开主题班会时，才想到去搜集素材、整理资料，很难开好一个充实、生动的主题班会。

每个班主任都需要一个素材库。平时要留心积累，如人民日报微信公众号、各大视频号的素材；学生喜闻乐见的正能量视频、游戏、偶像等；人物传记、国学经典、教育理论、教育案例类图书等，甚至学生写的周记材料，都可以成为班会课的重要素材。班主任不仅要积累素材，更要学会整理和加工，让素材库里各大主题分门别类排好队，等着我们设计班会课随时取用。

笔者根据自己的经验，认为素材积累需要四个"一"。

（一）一个软件，随时记录想法

苏东坡曾说"作诗火急追亡逋，情景一失后难摹"，意思是作诗就像追捕逃跑的罪犯一样，情也好景也罢，必须紧抓不放，放过后就很难再寻。的确如此，很多信息是以瞬时记忆形式储存的，如果不能及时记录、固化，可能就永远消失了。近几年笔者常用一款叫 flomo（浮墨笔记）的软件，只要脑子里有想法，就随时随地打开 flomo 记录下来，很多课题的切入点，文章的框架基本都是得益于 flomo 的功劳。

（二）一个习惯，随时随地拍照

手机的流行，让我们拍照更加方便，不仅可以积累他人的精彩作品，还可以积累自己班级学生的素材。那些日常的晨读晚修、课间活动、比赛瞬间，以及学生写给你的那张小纸条，送到你桌上的那杯奶茶，家长发给你的那段长长的微信，都可以留存下来，成为撬动孩子们心门的一把钥匙。

一位年轻的班主任，发现班级学生经常乱扔垃圾。于是她做了一个小实验，看看一个被学生随手扔在地上的纸团，要被人再捡起来需要多久，在录像机的拍摄下，我们惊讶地发现，35 分钟后纸团才被再次捡起。这个小小的实验成就了一堂区级公开班会课——《一个纸团的旅行》。没有什么比生活本身更精彩，随时随地拍照的习惯，会让你觉得素材就在生活里的每时每刻，我们只要做个有心人，就可以信手拈来。

（三）一个文件夹，随时存放资料

在百度网盘或者电脑的某个空闲盘里，请建立一个文件夹，取名"班会素材宝库"，专门用来保存你搜集来的各种电子文本、图片以及视频资料。早在五年前，笔者就建立了属于自己的主题班会素材库，初期粗放式地进行积累，资料多了以后就进行分类整理。

素材库按照主题进行分类：人生自我教育——人对自然的态度（关爱地球、保护环境），对人生的态度（信仰、理想、目标），对生命的态度（生命意识、人生规划），对自己的态度（悦纳自己、直面人生），对他人的态度（善良、换位思考）；爱国主义和理想信念教育、人际交往、学习方法与能力、劳动教育、生涯规划和团队建设，等等。比如，在劳动教育这个母文件夹里，存放有名言、诗歌、故事、散文诗、音乐、图片、视频共 7 个子文件夹，如果需要设计一节劳动教育班会课，就可以对这些素材精中选精，进行二次加工，最终形成一节成熟的班会课。

（四）一份用心，随时翻阅浏览

素材需要班主任长期积累，更需要班主任具有一定的敏锐度，能够从看似平凡普通的现象中挖掘其内在的教育意涵。一个素材怎么用，取决于这个素材本身的价值，以及你对这个素材的加工再创造。素材不是搜集来就可以发挥作用的，需要我们日常留意，经常进入文件夹翻阅浏览，思考这个素材还可以用在什么地方。

比如，笔者的素材库里有一段李子柒的唯美 7 分钟视频——《水稻的一生》，后来参加国赛设计班会课——《小米粒，大担当》时，这个视频直观形象地展示了水稻从种子到米饭短暂的一生。后来设计班会课——《学霸都是长期主义者》时，我又用了这个视频，不过这次的意图在于说明，李子柒的作品为什么会打动每一个观众，因为她对自然和农村的热爱，引发了我们内心乡土文化的情感共鸣。"唯有热爱，可抵岁月漫长；唯有热爱，不畏世间无常。"

二、横向纵向构思，主题班会系列化

"一节班会课解决不了太多的问题。"的确如此，什么班级问题，光靠一节班会课无法彻底解决，就算这节班会课上到了学生的心坎里，让学生内心震动不已，依然需要后续的一系列举措来巩固教育效果。因此也有人说，主题班会课不能只有一节，需要一个系列。

"主题班会课的设计需要打破单一主题和一个主题的设计模式，代之以从系统课程的角度设计一个学年段或者一个大主题的系列班会群"，这一卓有见识的观点早在2012年迟希新在《有效班会课八讲》里就提出来了。主题班会课的设计和组织实施是以学生的成长需求为出发点和落脚点的。作为发展中的人，学生需要全面的思想教育；学生的理性思维、精神成长需要一段时间来慢慢浸润、影响和延续，**学生的品德形成规律为"外塑—内化—内生—外化"和"他律—自律—自觉—自为"**。根据学生身心发展规律和特点，我们的主题班会课要有整体构思，内容确立要有长远规划，主题思想要有一定的阶段性，设计的活动与内容要有机联系为一体。如此，在每一个学段里，都构成了一个层层推进、螺旋式上升的课程体系；不同学段之间又衔接递进，形成大中小幼一体化的主题班会群。

因此，**在每一个班主任的心里，都应该至少有一张本学段的主题班会图谱。每一节班会课，在这个图谱上都能找到它们应有的位置。**这就是班主任备课的第二个法宝——系列化思想。

都说初中学段是最难教的学段，因为"初中生不好管"。青春期的初中生有六大心理特征：关注自我形象，容易被异性吸引；自我意识增强，需要成年人的尊重；固执己见，防御意识很强。同时，这个阶段也是他们身心发育的黄金时期，是他们三观形成的关键时期。如果我们有一套系列化的主题班会课，不仅能为学生解决很多成长问题，为他们带来精神滋养，而且从班级层面讲，全面教育会促进学生行为习惯养成，加强对班集体的归属认同，班级管理更加顺畅，班级建设更加完善。对班主任来说，系列主题班会可以把很多丛生乱象扼杀在摇篮里，实现轻松高效管班，即使有班会课比赛，你都有一个系列的班会课了，还怕一节课吗？

笔者教的就是初中学段。根据初中生在不同年龄阶段的心理特征和发展任务，参考河南省秦望老师的班会课体系，我们确定了不同的教育主题。七年级的主题是"适应新生活"，八年级"度过青春期"，九年级"迎接新中考"；在每一学年下，分别又有破冰、规则等12个小主题。纵观三年，每年一个大主题，每月一个小主题，横向涉及不同内容维度，纵向贯通学年维度，给整个初中阶段下一盘"教育大棋"（表3-1）。

表3-1　初中主题班会课程体系

七年级（适应期）		八年级（关键期）		九年级（选择期）	
适应新生活（规则教育）		度过青春期（价值教育）		迎接新中考（励志教育）	
上学期	下学期	上学期	下学期	上学期	下学期
八月 【破冰】	二月 【开学】	八月 【实践】	二月 【目标】	八月 【启航】	二月 【启航】
九月 【规则】	三月 【辨别】	九月 【展望】	三月 【时间】	九月 【坚持】	三月 【心态】
十月 【品格】	四月 【青春】	十月 【行动】	四月 【生命】	十月 【调整】	四月 【蓄势】
十一月 【学习】	五月 【节日】	十一月 【乐观】	五月 【爱情】	十一月 【逆商】	五月 【韧性】
十二月 【合作】	六月 【成长】	十二月 【生活】	六月 【提升】	十二月 【励志】	六月 【中考】
一月 【迎考】	七月 【充实】	一月 【期末】	七月 【暑假】	一月 【憧憬】	七月 【暑假】

三、分析班会类型，活用两套好模板

如果是日常组织实施主题班会课，2021年教育部基础司下发文件里的主题班会课模板就可以作为中小学班会课的通用模板；如果是参加班主任现场比赛，提前准备至少一套班会课模板便显得极为重要。因为按照比赛要求，选手拿到题目后，要在15分钟里设计一节紧扣主题、目标适切、内容丰富、形式新颖的班会课并不容易；即便我们提前已经备好了一个班会课素材库，依然需要一套话术把整个班会课的流程给串下来。对于一节班会课，最为核心、难度最大的就是实施过程这一环节，其他几个环节都比较简单，容易准备。

对此，2020年全国职业院校中职班主任比赛一等奖获得者郭资认为，现场比赛型的班会课，有两种方法可搭建主体结构：第一种是经典的"三维五步"结构，即导入、知（认知）、信（认同）、行（行动）、拓展，绝大部分主题都能使用经典结构，稳健成熟，全面到位；第二种是"正反对比思辩"结构，即主题引入、正面对比思辩、反面对比思辩、总结升华，这个结构适用于没有确切结论的主题，如手机、早恋等有辩论空间的话题。

以上都适用于比赛型班会课的设计。笔者在此介绍两种适合于上课的班会模板，一种叫"问题导向"结构，另一种叫"六个一"结构。

（一）"问题导向"结构

这种结构比较适用于解决问题类的班会课。其主体结构包括以下六个环节：①激趣导入，引入主题；②靠近现实，寻找现象；③经典案例，剖析价值；④两难问题，引发思辩；⑤形成约定，内化认识；⑥落实行为，生活践行。其中①⑥是导入和拓展环节，而②③④⑤正好分别对应"知、情、意、行"四个环节。

那么如何运用这个模板呢？如果你抽到以下题目：一个中学生学习内驱力不足、迟到、时间管理、环保教育、勤俭节约，这些题目都是班级需要解决的问题。这些问题需要班主任带着学生一起分析原因、寻找策略，再内化认识，形成约定，最终落实到生活行动中。拿学习内驱力不足为例，你可以这样设计："时不待我"游戏激趣导入，引入我们需要努力学习的主题；第一环节，靠近现实寻找现象，一张"自我调查表"来审视自我；第二环节，需要分为三个步骤（韦纳"归因论"，经典理论提供理解支架；汉字"止"的演变史，引导目标的重要性；名校数据调查，强调目标的重要影响）；第三环节，情景AB剧展现两难问题，有无目标引发学生思辩；第四环节，填写"大学梦想卡"，小组内部形成约定；课后拓展，图文呈现阶梯式实现梦想，小组合作落实行为。

（二）"六个一"结构

"六个一"指的是：

一个深刻有趣的引入：引入设计——视听图说，戏语趣谈；

一则经典故事的分享：故事设计——悬疑呈现，身临其境；

一次身边经历的模拟：情境设计——经历模拟，深度挖掘；

一番辨别是非的讨论：两难设计——是非争鸣，寻求最佳；

一个内心感悟的提炼：感悟设计——真情流露，情感升华；

一项付诸行动的落实：行为设计——付诸实践，德育生效。

"六个一"结构是笔者当年最喜欢用的模板，因其结构灵活多变，适用范围更广。如当年笔者参加班主任国赛，抽到的题目是"策划一节安全教育的班级活动"，笔者在备考时间里作出了一份策划简本。

一、活动题目

生命之帆，安全启航。

二、班情分析

我班级里的孩子处于青春期，正处于行为规则养成期，没有充分认识到遵守交通规则的重要性，很多学生过马路低头刷手机、听音乐甚至闯红灯，急需加强交通安全的教育。

三、班会目标

认知目标：了解违反交通规则的严重后果，掌握交通安全知识；

情感目标：树立遵守交通规则的意识；

行动目标：能够自觉遵守交通规则，并起到榜样示范的作用。

四、课前准备

教师准备：一张白纸海报、彩笔。

学生准备：分组拍摄校园周边交通违规现象。

五、实施过程

一场惊心动魄的展示——展示交通事故图片和视频；

一次触及心灵的研讨——探讨造成这样后果的原因；

一次别开生面的竞赛——分组竞赛交通安全知识题目；

一次饱含深意的体验——参加协助交通的志愿者服务。

如今回头看，这个设计略显简单，但对于参加现场抽题比赛的选手来讲，无疑是一个能够大大缓解焦虑，且随时可用的万能模板。这种既能用于比赛又能上课的优秀模板实在不多！

四、学会就地取材，班会最好本土化

学会就地取材，是班主任设计班会课的又一大法宝。习近平总书记说："我们要用心用情讲好中国故事。"这句话大有深意！班会课素材的选取，不用想得太高太远太离谱，把目光和注意力放在身边，从近处着眼，从小处着手，挖掘出身边事物的特色和精彩来。

戴鑫贻老师聚焦佛山南海本土的藤编产业，循着"了解家乡文化——研究家乡文化——热爱家乡文化——投身家乡文化"的逻辑线索，成就了一堂非常优秀的班会课——《指尖上的艺术——南海藤编产业现状与应对》。

庄梦莎老师将上海市青浦练塘特产茭白作为教育资源，组织学生开展社会调查，采访江南著名茭白叶编结匠人，带领学生近距离感受非遗文化，最终成就班会课——《茭白绿叶编经典，青浦文化润少年》。

一位刚毕业的班主任，发现学校门口就是当年象征着深圳开创精神的蛇口第一声炮响所在地，于是结合深圳的改革开放史和蛇口的发展史，运用 AI 技术与开创英雄隔空对话，设计出一堂浓浓蛇口味儿的班会课——《开山阔海现蛇口，育才强国见深圳》。

如果班级大多是留守儿童，就以"家文化"来建设班集体；如果音乐老师当班主任，也没必要羡慕语文班主任，你可以把学科和班会课结合起来大做文章；如果住在南头古城附近，就可以大力开发各种与古城有关的课程资源；如果带了一个新疆内地班，哇，你的民族团结班会课一定是最精彩最有意思的。

本地区风俗民间文化、本校的创始发展、本班级的特色构成，班主任老师自身的风格特点，细细研究，将其内在意涵和教育价值挖掘出来，学会就地取材，让班会课富有本土特色！

案例分析
无边界课堂：挖掘社区资源形成德育新生态

【班会题目】

探秘现代工业文明，担当科技创新使命。

【班会背景】

党的二十大报告指出，"科技是国家强盛之基，创新是民族进步之魂；要坚持科技是第一生产力、人才是第一资源、创新是第一动力，要深入实施科教兴国战略、人才强国战略"。

通过对本班学生（初一）进行科学素养问卷调查，发现大部分学生对于典型性科技创新产品比较了解，但对科技创新对于国家和民族的意义和价值，和如何培养和弘扬科技精神了解较少。面对学校即将举办的"科技月"创新活动，学生明显兴致不高。

基于以上分析，科技创新极其重要，但学生认识不足，班会极易陷入资源丰但理解难、知其重但行动难的两难矛盾中。我们生活的社区——赤湾，从"海港小渔村"到"现代工业园"实现华丽变身。其中，国有能源企业深圳妈湾电力有限公司，既是深圳科普教育基地，且与学校有长期合作。本班会拟通过充分利用城市和社区资源来解决现实矛盾。

【设计思路】

根据初一学生认知特点，带领学生走进身边的科技创新企业、科普教育基地——妈湾电力，通过实地走访、榜样分享、实物解说、动手实践等方式，以学生为主体，由浅入深，逐步引导学生认识科技创新对于一个国家和民族的意义，激发学生弘扬科学精神，培养责任担当意识，营造热爱科技善于创新的班级氛围，并明确初中生培养创新素养的具体行动。

【班会准备】

（一）教师准备

（1）与妈湾电厂科普教育基地负责人联系，提前了解妈湾电厂的代表性科技革新技术；

（2）向深圳市南山区育才中学创客实验室借实物"智能书包"；

（3）与电厂负责人沟通好走访场地，布置电厂大讲堂；

（4）邀请电厂荣获"广东省技术能手""广东省五一劳动奖章"获得者魏工现场分享；

（5）邀请初一年级级长表演科技魔术；

（6）准备学生动手实践环节制作航模所需要的材料。

（二）学生准备

（1）提前阅读妈湾电厂科普资料，初步了解电厂科技；

（2）提前搜集中国科技"卡脖子"技术清单；

（3）班级实物解说员提前准备解说词；

（4）班级国家航模比赛一等奖获得者提前准备一件自己的航模作品，并提前准备解说词；

（5）根据电厂地图绘制卡通版电厂革新科技导览图。

【班会目标】

认知目标：了解现代化电厂的革新技术，丰富学生对科技创新发展程度的认知。

情感目标：激发学生弘扬科技创新精神的热情，培养学生的责任担当意识，营造班级热爱科技创新的集体氛围。

行为目标：引导学生提升科学素养可采取的具体行动；引导学生把科技强国梦自觉融入日常学习生活中，勇于担当科技创新使命。

【实施环节】

导入：带学生一起走进妈湾电厂，提示学生带着问题实地走访：妈湾电厂有哪"三奇"？

设计意图：通过情境导入，吸引学生兴趣。

环节一：科技之问——探秘电厂

1. 实地走访，感受体验

（1）学生分组参观走访妈湾电厂。

学生分成三组（奇迹组、奇妙组、奇特组：做标牌），分别前往妈湾电厂三项技术革新场地（深度除尘设备、科技电煤储备基地、智能集控中心），参观科技设备，采访现场技术人员，深入了解并记录该科技的研发过程和效能，拍摄参观照片。

（一问）深度除尘设备：这个大三角的巨星漏斗看起来真壮观，不知道是什么作用？

（二问）科技电煤储备基地：这么大的仓库怎么一根柱子都没有，这是怎么支撑的？

（三问）智能集控中心：哇，这么多屏幕，这么多项目，这需要多少人来操控呢？

（2）学生分享走访的收获和感受。

组1：我们组参观的是深度除尘设备。通过对技术人员的采访，我们了解到……

组2：我们组参观的是科技电煤储备基地。这个巨型仓库太让我们震撼了……

组3：我们组参观的是智能集控中心。这里采用 LED 拼接技术屏幕……

2.跨越时空，见证美好

展示电厂老照片、现在照片、未来规划图。

设计意图：以学生为主体，让学生通过实地走访，自主探究现代化电厂的革新技术，丰富学生对科技创新程度的认识，切身感受身边的科技力量，充分调动学生参与本节班会课的积极性，并为接下来的环节做好铺垫。

环节二：强国之思——使命在肩

1.光荣事迹，感受责任担当

邀请广东省技术能手魏工进入现场，做主题为《科技强国，使命在肩》的分享。从电厂——技术攻关、国家——自制消毒水抗击疫情、世界——一带一路技术支持三个维度，重点讲述个人通过科技创新所能实现的社会价值。

2.强国之梦，你我使命在肩

播放中国技术"卡脖子"清单视频，展现新的挑战不断存在，目前国家仍然存在科技困境；国家兴盛的背后，科技工作者肩负着光荣使命。国家的命运与个人的命运、国家的发展与个人的发展息息相关，荣辱与共。

设计意图：通过优秀榜样分享光荣事迹，帮助学生理解科技创新对于国家和民族的意义和价值；通过展示中国技术"卡脖子"清单，培养学生责任担当意识，营造班级热爱科技创新的集体氛围。

环节三：创新之行——始于足下

1.欣赏作品，学榜样就在身边

（1）深圳学子研发的"智能书包"。

（2）班级同学制作的"航模"。

（3）现场观看吴老师表演《烧不坏的手帕》。

（4）了解身边榜样的作品，请谈谈感受。

（5）学生提升科技素养的方法。

调整认知类：积累科学文化知识、阅读科创书籍、观看科创影视作品、聆听讲座等。

实地研学类：参观科普实验基地、参观科普博物馆、前往高新企业参观等。

亲身实践类：操作小实验、加入科创类社团、参加科创类竞赛等。

2. 知行合一，科技梦始于足下

（1）以小组为单位制作航模，用相机记录、采访。

（2）带领学生在电厂大门口放飞课堂上制作的航模。

设计意图：通过身边的榜样，引导学生明确作为中学生，提升科学素养可采取的具体行动；通过现场制作航模，亲身体验创乐趣，引导学生把科技强国梦自觉融入日常学习生活中，勇于担当科技创新使命。

【拓展活动】

（1）举办班级航模展。提前布置任务，让学生在创客实验室中在航模老师的指导下，制作个性化航模，参加班级航模展。在此活动中评选出优秀作品，在班级公众号上展示。此活动致力于让学生通过体验感受科创带来的成就感。

（2）开展赤湾之芯班级创客活动。依托学校特色课程"赤湾之芯"，组织学生自主体验芯片设计，感受科创的趣味性，从中体验坚持不懈、一丝不苟的科学精神，帮助学生进一步落实提升科学素养。

（3）走进学校周边的智慧码头、东方物流。学校周边妈湾港拥有5G智慧码头，通过智能集控中心操控整个码头的运营；东方物流拥有亚洲最大的恒温仓。通过特色育人方式"班企合作"，带领学生相继走进智慧码头、东方物流恒温仓，感受科技创新带来的巨大改变，深化学生对科技创新重要性的认知。

【班会点评】

随着时代的进步，今天的教育更加注重心与心的碰撞，而非形式。此次班会课从最初确定主题，到教学设计初稿，中间反复思考和完善，最终定稿，让我更加深刻地认识到主题班会对于学生的成长价值。我将从以下三个方面分析此堂班会的"得"。

一、班会目标须符合学生认知规律

在之前设计主题班会的经验中，对于主题班会目标的设定，明确要从知情意行四个维度来确定，但认识还不够深刻。此次主题班会设计，基于深圳的城市特色——科技创新之都、赤湾学校——校企合作特色、妈湾电厂——科普教育基地，同时，恰逢学校科技月，班级学生参与热情不高等具体情况，选择了"科技创新"这个主题。而科技创新的主题宏大，班级学生的认识和理解又不足，主题班会极易陷入资源丰但理解难、知其重但行动难的两相矛盾中。

在这样复杂的情况下，经过反复思考、调研，最终确定了认知——情感——行为目标的模式，从丰富学生对科技创新程度的认识，进而激发学生承担科技创新的使命感，到最后落到实际行动，课堂实际效果也证明这样符合学生认知规律的班会目标是可取的。

在这个过程中，我深刻地感受到，虽然班会没有像文化课一样有统一教材，有课程标准指引，但它仍然有它的内在规律。我们无论是选取班会主题，还是设计班会流程，都要基于学生、班级的真实需求，让学生在真实情境中体验思考；同时，具体流程的设计更要基于学生的认知规律，由浅入深，由表及里，由人及己。方向对了，才不至于南辕北辙，才能真正使班会成为学生自主成长的主阵地。

二、班会过程强调学生活动及体验

本次主题班会由丰富的学生活动组成。第一个活动是参观妈湾电厂，以学生为主体，让学生通过实地走访，自主探究现代化电厂的革新技术，丰富学生对科技创新程度的认识，切身感受身边的科技力量，充分调动学生参与本节班会课的积极性，并为接下来的环节做好铺垫。第二个活动是亲手制作航模、放飞航模。我们常说"**要求是下策，引导是中策，启发是上策，体验是上上策，自我建构是至上策**"，教育学生是这样，设计班会也是这样。减少单调的说教要求，让学生在活动中体验感受，真正将班会课变成自主成长的快乐平台。

三、教学内容要贴近学生生活及实际情况

主题班会要以学生为主体，贴近学生的生活及实际情况，只有这样才能达到预期教学目标。本节课聚焦学校科技月背景，班级参与科技月活动积极性不高的实际情况，同时，榜样分享选择了身边深圳学子设计的科创产品、班级同学亲手制作的航模，班级科任老师表演科技小魔术，以学生喜闻乐见的方式传递价值观，帮助学生实现自我建构。

班会活动过程中也存在很多不足。

（1）我觉得本节班会课最大的不足在于学生分享与参与还需要提升。学生来到新环境开展班会课，同时后排又坐了部分家长义工和电厂工作人员，孩子们难免会有点拘谨害怕。我在设计时没有考虑到这一点，应该以更巧妙的方式缓解孩子们的紧张，让他们能轻松愉快、全神贯注地投入此次活动中。在之后的班会设计中，我要更多地考虑学情和学生的具体情况。

（2）过渡语衔接得不够自然，这使环节处理得不够紧凑。

（3）课后引导力度不够。班会课结束后，没有趁势引导学生更进一步思考，时间把控有待加强。

总而言之，这堂主题班会课可以说让我受益匪浅，也让我意识到自己的缺点和不足，未来的日子，我会更加努力。生也有涯，知也无涯，唯不停步。

【作者简介】胡菲，深圳市南山区第二外国语学校（集团）平山学校德育主任，深圳市优秀教师，荣获深圳市青年教师基本功大赛一等奖、深圳市班主任专业能力大赛一等奖、南山区"百花奖"课堂教学大赛特等奖。

【我来点评】

"教室不是教育的围墙，而是起点。"把班会课搬出教室外，搬到图书馆、博物馆、电厂、社区，就像把课本变成3D电影——学生摸得到、看得见，这些真实场景更容易让价值观教育"入心入脑"。当城市变成课堂，企业专家、家长都进入班会，价值观教育就不再是枯燥的道理，而是长在生活土壤里的鲜活知识。无边界课堂要做的，就是拆掉教室的"墙"，让成长在广阔天地里自然发生。

一、空间破壁：打破教室边界，让城市成为课堂

在传统观念里，主题班会课只能开在教室里；而这节班会课，却把课堂搬到了工厂，打造了一个鲜活的学习场域。

（一）用身边场景学真知识

妈湾电厂不再是普通的工业区，而变成了科技教育的"实景课堂"。学生们亲手摸到除尘设备的金属外壳，抬头看到没有一根柱子的巨型煤仓，从这些真实的细节里明白了"科技创新能让雾霾变少、让发电效率更高"的道理。原本对孩子们来说遥不可及的国家战略，就这样变成了看得见、摸得着的"身边奇迹"。

（二）把城市变成活的教材

通过画卡通版电厂地图、拍智慧码头视频这些任务，孩子们像"城

市探索家"一样重新认识了自己生活的社区。当熟悉的赤湾社区变成科技教育的"打卡地",价值观教育就悄悄融入了他们对家乡的记忆里。

突破空间限制不是简单地把课堂搬到校外,而是通过设计有趣的探索路线(比如,寻找电厂"三奇")、设置真实任务(比如,放飞亲手做的航模),让整座城市变成一本可以触摸、可以互动的立体教科书。

二、角色破壁:从"老师唱独角戏"到"教育团队协作"

主题班会课绝不是班主任一个人的舞台,要想让真正的教育发生,就要把学校、家庭、社区、企业都联合起来,正如这节班会,让不同角色的人都成了"教育合伙人"。

(一)企业导师讲真实故事

在这节班会课中,技术大拿魏工分享自身经历,把抽象的"工匠精神"变成有汗水的细节;电厂技术员演示智能大屏功能,用真实数据冲击"科技替代人力"的认知盲区。

(二)身边同学当活教材

班级同学制作的"航模"、深圳学子研发的"智能书包",证明科技创新不是科学家的专利,科技创新也并没有多高深,我们只要在日常的学习生活中,学会多发现、多思考,有想法就可以尝试去做,一切皆有可能。这种"同龄人示范"比班主任讲道理更让人信服。

(三)家长变身隐形助教

参观电厂时,爸爸妈妈不只是跟班,而是当起"安全观察员",随手拍下孩子认真研究的照片发到班级群。当家长从"场外观众"变成"过程记录者",教育效果就像朋友圈点赞一样自然扩散。

企业专家、老师、学生、家长组成了"教育联盟",有人传授知识,有人带路实践,有人默默支持,就像交响乐团各司其职,最终合奏出价值观成长的共鸣曲。

三、知识破壁：让道理长进生活里

过去的班会课容易"空讲道理"，这节班会课只用三招就把价值观种进学生心里。

（一）用身边事讲大道理

讨论卡脖子技术时，学生发现班本课程"赤湾之芯"竟然和芯片设计有关，突然明白了自己学的数学题可能会影响国家技术突围。

（二）用过去和未来对话

对比电厂老照片和智慧码头的新模样，学生真切地感受到科技真能改变一个地方的命运；放飞航模时，看着纸飞机从电厂烟囱旁掠过，就像自己的梦想一样翱翔在时代的蓝天里。

（三）用课本知识支撑价值观

物理课学的力学在电厂无柱仓库里眼见为实，道法课的"责任感"被魏工的故事讲活了。这样既学知识又懂做人，价值观才不会变成"空口号"。

从实地走访到亲身体验，从榜样故事到情感共鸣，从集体行动到自主创造，这堂课一步步让"科技强国"的大命题变成在学生心里扎根的信念。这就是无边界课堂的魅力！

第四章

情景处置：
班主任教育机智和临场
决策的修炼

情景处置的基本范式

　　情景处置也叫情景答辩，模拟真实的班主任日常工作场景，围绕学生矛盾、家校沟通、情绪管理、学业冲突等班主任工作中常见问题进行真操实练的实践演绎。情景处置是对班主任工作中的育人理念、班级管理智慧、突发事件应急处理能力、育人技巧和育人艺术的综合性考察，难度系数大，对语言表达、问题处理对策、应变能力等素质要求较高。因此更能真实地反映班主任的专业综合素质能力。

　　它在班主任比赛中，被称为情景答辩，在考察班主任基本素养方面具有极其重要的地位。带班育人方略诞生之前，活动组织方会将情景答辩作为主赛场，专家们坐在评委席中，看班主任如何智慧应对日常工作中各种情景案例，现场精彩尽显。情景答辩也是最能迷惑班主任的一个赛项，网上资料很多，但能够妥帖处理情景的却是极少数。对此，本文将从三个方面对它做个概述。

一、明确情景处置的要求

　　根据往年班主任比赛要求，情景处置要求"对情景案例进行分析，提出解决问题的思路、对策和依据"。参赛班主任需提前 15 分钟抽取案例进行准备，答辩时间 4 分钟，回答评委提问时间 2 分钟（不含评委提问时间）；班主任要对题目中的情景分析科学、判断准确，并能有效运用教育学、心理学等学科原理，同时思路清晰，对策得当，可操作性强。

二、厘清情景处置的步骤

　　对于情景处置的步骤，一般来讲有四步。

（一）定性——判断情景

对案例情景进行深度挖掘，拨开层层迷雾，找准症结，明确这是一个什么问题。要想判断准确，班主任就要学会去粗取精理出主要矛盾。

但是，如果短时间内不能确定这是什么问题，就先不急着定性，那么不定性可以做什么？可以表达感受！不知道情景是什么性质，但是可以表达作为班主任看到这个情景时的心理状态。

具体来讲，可以采用"**复述情景＋表达感受＋处理不当的后果**"的方式来开头，如"从情景×××、×××等词可以看出，主人公是一个……的孩子。这样的学生在我们的班级里非常常见，……""当我看到这个情境，不禁为题目中的班主任暗暗捏了一把汗，这个问题如果处理不当，会给班级和学生带来……的影响。因为这是一个……的问题。"

（二）定因——分析问题

定性之后，就要对问题进行深度分析：为什么会出现这样的事情，背后的深层原因是什么。班主任要结合社会发展趋势、家长普遍诉求以及学生的年龄学段特点，运用心理学、教育学、社会学等多种学科知识对出现的问题和现象进行全面分析。

在定因的时候，可以适当运用一些分析模型，如**内因和外因、浅层和深层**等相对角度，也可以从**学校、社会、家庭以及个人**不同立场分析，还可以从**情、理、法**三个维度分析。其实，采用哪一种模型并不重要，重要的是一定要结合具体情景进行具体分析，如果生搬硬套模型，就会给人"套路化"的感觉。分析问题具体且中肯，基本就成功一半了。

（三）定策——采取措施

分析问题成因后，就要采取对策来解决问题。因此，定策必须要有实效性、针对性和教育性。首先，要能够解决当下情景中提出的冲突和问题，并能给人以启发，如果以后发生类似问题，可以借鉴此种做法来处理。其次，要找准根本举措，一针见血地解决问题，切记不要面面俱到泛泛而谈，"隔靴搔痒"却又挠不到痒处。最后，策略要能站得住脚，要有利于学生的终身发展，不能为了解决问题而解决问题。如有个班主任为解决学生早恋问题，采用了一个绝招——让女孩每天找男孩三个缺点，没过多久男孩和女孩就分手了。该老师对此洋洋得意，这个举措有实效也有针对性，但是不具教育性，只能算是下下策。

定策的时候，可以分情况来论。如果是学生危机事情、课堂突发事件或者是微信群发生的口角事情，应该按照时间先后顺序"**解除当下危机——随后多方协同——后续持续跟踪**"三步走；如果是家长与家长、家长与老师或者学生与老师、学生与学生这种不同个体之间的冲突，就需要"**了解事情全貌——逐个突破解决——加强文化氛围**"三步走。班主任也可以结合自己的情况，拟出一套处理程序来，如一位高中班主任应对问题采用"翻山越岭——登山回望——下山赏景—高山仰止"四步骤，另一位采用"自我教育，抖出问题——专家协助，抖出法规——搭建平台，抖出精彩"三步走，还有一位用"班级会议促认知——班级活动健体魄——班级文化凝人心"三维度来解决问题。

（四）定据——找出依据

不仅要知道怎么办，还要知道为什么这么办而不是那么办。每一种举措和策略背后，都要找出其背后的政策依据和科学论据，这样才是有理有据的处置。定据部分通常会与定策糅合在一起，采用的话术是："根据心理学中的……理论/政策，我会采用……。"

"定性"——这是一个什么问题，判断问题要准确、明晰；"定因"——为什么会出现这个问题，分析成因要中肯、具体；"定策"——我如何解决这个问题，应对策略要针对实效、具有教育性；"定据"——为什么我这么做，找依据要有理有据。总之，情景处置四个步骤步步为营，层层剥笋，整个过程体现班主任的科研思维和闭环思维。

三、明晰情景处置的三重境界

前面讲过，情景处置可以在网上找到一大堆资料，但是质量上乘的不多。下面同一情景，三位班主任给出了不同的处理方式，其水平高下一眼分明。

题目：高考前夕，李星妈妈向班主任赵老师求助。她是单亲妈妈，希望平时成绩拔尖的儿子能考上一所名牌大学，而李星却认为上名牌大学太累，只想考一所普通大学，李妈妈觉得儿子这是自暴自弃，对不住自己含辛茹苦对他的培养，而李星却认为妈妈这是在用爱对他绑架，他宁可不要这样的爱。作为班主任，赵老师该如何做李星和他妈妈的工作呢？

第一位班主任的回答。

（定性）这是一个因高考问题引起的亲子矛盾案例。

（定因）之所以出现这样的情况，从浅层讲——孩子大了跟父母意见不同很正常，从深层讲——不一定上名牌大学就一定有前途，"学生认为上名牌大学太累"有一定道理。

（定策）首先，要了解情况，共情学生，安抚家长；其次，利用朋辈效应，让好朋友劝解学生要理解家长的苦心；最后，家校共育，一起解决问题。

这样处理是不是很常见，谈话了解情况、好朋友当说客、家校合作，似乎这三把斧子就能解决90%以上的冲突和问题。但是如此处理不仅没有准确把脉，而且分析不够深入具体，措施泛泛毫无针对实效性，这是一则非常失败的答辩。如果总分100分，它只能拿到30分。让我们再来看看第二位班主任的回答。

（定性）这是一个班主任指导学生树立正确人生目标的问题。

（定因）题目中的亲子冲突，缘于单亲妈妈对李星期望过高，超出孩子的承受力，且长期沟通不良；同时，李星没有职业规划，对妈妈有一定的递反心理。

（定策、定据）作为李星的班主任，解决这个问题需要三步走：第一，跟李星和家长进行深度沟通，帮助他们理解对方的苦心，**因为没有关系就没有教育**；第二，帮助李星合理规划未来职业方向，让他认识到高中生的生涯规划是非常重要的教育内容；第三，以点带面，从关注个体到关注集体，促进全班同学认识到高考志愿的填报不能随意，要提前规划未来职业。

相比第一种，这次分析问题较为精准，采取措施也算周全；措施背后的政策依据也说得很清楚（粗体部分就是每一个举措的依据）。总分100分，给70分吧。但是，这也就能算是一个中规中矩、没跑题的答案，如果想真正出彩，还要挖掘得再深一些，分析得再全面一些。让我们看看最后一位班主任的回答。

（定性）这是一个指导单亲家庭亲子相处的问题，也是一个指导学生树立正确人生目标的问题。

（定因）从"单亲""平时成绩拔尖""名牌大学累"和"用爱绑架"等关键词可以发现，表面上看这是一对母子填报志愿有分歧的事情，而透过现象看本质，分歧的背后不仅仅是李星不赞同母亲的观点，更重要的是李星用这种方式来抗议自己在家庭中没有自主性，且情感负担太重的问题。

第一，对李星而言，他未必就是不懂生涯规划。妈妈期望过高，在他身上寄托了太多希望和想法，让他无论在家庭生活里还是在学习上，都没有太多自主的机会，这个孩子心里对母亲是不满意的，认为母亲过多干涉了自己，这个现象已有一段时间。

第二，对单亲妈妈而言，她没有考虑孩子的需求和想法，这种"一厢情愿"如果继续下去，会最终导致母子关系的决裂。因此对这位母亲来说以后的教育和沟通会更加艰难，需要让她的生命多一些支撑点。

第三，可以进一步了解，不切实际（过高或过低）去报考志愿在本班并非个别现象，先前对学生也没有进行生涯规划教育，那就充分利用此次契机对孩子们做一次相关教育。

（定策、定据）敞开心扉表深情。首先，在整个事件中，压力最大的是李星，"解决问题之前先解决情绪""关系大于一切教育"，我会安抚李星，告诉他虽然我能感受到母亲对他的爱，但同时也会询问他真实的感受，引导学生表达真实的自我。并运用**焦点解决技术**引导学生去思考，母子关系如能稍微缓和一些，哪些方面会有一些变化。让李星在理解母亲、表达自我的同时，运用一定的技巧跟母亲进行沟通。

其次，生涯规划要跟上。根据《中小学德育工作指南》，高中阶段应该对学生进行生涯规划教育。我会问李星对未来有什么规划，如何去实现自己的职业理想，并根据李星对这个问题的理解和思考去引导学生注意合理规划人生，并能够根据实际情况调整和修正。同时也要在班级开一节《我的生涯我做主》班会课，加强生涯规划意识，提升规划能力，以不变应万变。

再次，单亲母子要融洽。我会对李星母亲进行访谈，在了解家长、共情家长的基础上，引导家长从李星终身成长的角度去思考目前这种相处方式的利弊，并为家长介绍武志红的《家为何会伤害人》《爱的五种语言》等书籍，引导家长听樊登读书会、接触心理学知识。适当的时候，我还会介绍李星母亲加入学校的家委联盟、单亲妈妈会等组织，让家长将一部分精力转移到自己感兴趣的其他事情上。**一位母亲专注地热爱生活、珍惜自己，孩子才能获得不断前进的动力。**

最后，青春约定助成长。根据**罗森塔尔效应**，教师的期待和赞美，**会使学生更加自尊自爱自强**，进而影响学生的终生发展。我会跟李星约定，他上大学的那天，我会给他发信息，并把他在大学校门的留影，发在我朋友圈，并标上一行字"我相信他，定能如夏花般灿烂"。

显然，这个不仅定性全面且精准，分析问题层层深入直至本质，举措更是周到且妥善，提供依据时，政策法律、理论依据信手拈来，体现班主任深厚的理论素养。这个直接给95分。

四、学会情景处置的出彩锦囊

如果能够掌握一些小技巧，回答会更加出彩。如拿到题目时，"认真审题第一位", 同时"关键信息要圈画"; 很多班主任会忽略分析问题, 其实"分析问题特别重要", 是能够体现班主任个人教育理念和观点的"亮剑"之举; 讲策略讲方法展现教育智慧并非人人都能做到, 实在不行就展现教育情怀, 因为"教育情怀门槛低"; 在处理问题时, "善用资源是本事", 班级管理不是班主任一个人的战争, 而是多方协作共同成就的事情; "理论金句做支撑", 回答问题不能干巴巴, 要学会运用教育心理学理论、政策文件法规和教育金句, 来支撑处理问题的依据和佐证。

情景处置的稳胜法宝——"12345"套拳

　　情景处置挺有意思：题目呈现的各种情景，囊括了实际教育生活中的万千气象；比赛过程中参赛者上台仁者答仁智者答智，"远近高低各不同"；把一件事说明白似乎并非易事，很多时候像联合国多方会谈，你得一针见血、一锤子砸下去才行。

　　笔者多次做各级比赛评委，发现有一些班主任能抓住问题本质，像剥洋葱一样，层层剥开，展现了深厚的专业功底。笔者根据近年来班主任比赛的实况，提炼出稳胜情景处置的一些策略规律，简称为"12345"组合套拳。如果这套组合拳班主任能够深刻领会，并在答题过程中有意识地运用，那情景处置就会成为比赛中的优势项目。

　　对于那些不参加比赛的一线班主任来说，这些情景案例每天都在日常生活中上演，学会如何妥善处置是非常必要的。

一、一律漂亮小标题

　　小标题不是临时想出来的，是事先准备了一些备用的模板，然后根据抽取题目进行灵活调整。小标题没有固定格式，几个小标题如果字数相同、结构对仗，形成排比句式，能够很快吸引评委的关注。笔者整理了一些网上常见模板：关注学生为首位，缓解情绪为关键，学生突破为手段，家校携手为辅助；共情理解，换位思考；春风化雨，润物无声；后续延伸，表达有法；不忘初心，方得始终；接纳行为，稳定情绪；聚焦问题，影响认知；他山之石，多方助力；身体力行，陪伴成长；推开师生沟通之门，推开朋辈互助之门，推开家校共育之门；了解是前提，信任是关键，成长是目标。以上都是小标题模板，可以根据题目情况再修改，如最后一个模板还可以替换为"尊重是前提，信任是基础，合作是关键"。

二、两大功夫要练好

两大功夫指的是"真功夫"和"假功夫"。

"真功夫"指的是带班育人的实践能力，包括班级建设、指导学生个人发展以及家校沟通等能力，换句话说，就是这个班主任实际带班水平怎么样。"假功夫"指的是为应对比赛而练就的应赛能力，如有逻辑的语言表达、教育金句的支撑、外在形象的打造。

"真功夫"需要长年累月地"实践＋反思"才能练就，但有真功夫不一定就能搞定比赛。笔者曾在比赛中见过一位40多岁的选手，硬是一个字都说不出来，台上站了四分钟，最后悻悻退了场，但据说这位班主任是当地的名班主任，带班能力非常了得，是典型的实干家。"假功夫"也非常重要，需要在比赛之前认真打磨，包括审题分析、理论运用、表达展现和临场应变能力。

有些班主任"真功夫"不怎么样，但是"假功夫"很了得，这就是我们常说的"赛手型"选手。这种类型的班主任一般悟性比较高，能够抓住比赛的本质和精髓，如果这种班主任赛后重新回到一线带班，会更有发展潜力。比赛最终是为了实践，"以赛促学""以赛提能"。从这个角度说，赛手型班主任的成长之路也是班主任成长的路径之一，也值得我们研究。但是一位班主任要想走得远，首先得有"真功夫"，没有"真功夫"，只靠"假功夫"，糊弄不了多久就会露出自己的"庐山真面目"。

三、三个视角看问题

在具体分析情景时，班主任一定要注意三个视角：**看透本质、看到需求和看到契机**。只要抓住这三个视角，处理就不会浮在表面上，就能深入到下一层，就不会跑偏。下面结合一个实例来讲讲。

题目：网课期间，班里一名成绩优秀的女同学和班主任私聊说：

"老师，三班的小荣说喜欢我，还把喜欢我的这件事告诉了很多人，现在我都不能专心学习了。不知道为什么我很想去关注他，总是忍不住去看他的朋友圈，有时候做作业也很想知道他在做什么，老师帮帮我吧。"请您对此情景案例做出合理分析并提出恰当对策。

首先，"看透本质"就是要透过情景中纷繁复杂的信息，厘清主要矛盾，抓住核心关系，这其实是情景分析中最重要的一步。这道题目中，提供了以下几个信息：第一，网课期间学生的上网动态；第二，成绩优秀的女孩不能够专心学习；第三，隔壁班男孩四处散布喜欢女孩的流言。在这几个信息中，哪个是主要信息，是需要班主任花精力去重点解决的。这需要我们进一步分析。小荣四处散布流言，但网课期间老师见不到学生，因此小荣这个行为眼下我们一点也干涉不了，因此，第三条信息暂时不用处理。第一条，网课期间学生上网频率高，发个朋友圈非常正常，但是发什么内容现在也管不了，只能在线下教学方便时，作为常规主题班会给学生普及一下，网上可以发什么不可以发什么。第一条内容不用当即处理，可以延后处理。那么重点就是第二条，如何帮助这个成绩优秀的女孩稳定心性，迅速调整自己的状态，这恐怕才是班主任要重点解决的问题。

其次，"看到需求"指的是班主任要看到题目涉及的所有人的需求，解决核心需求，顺便满足次要需要。这个情景中，女同学、三班的小荣以及班主任老师都是有需求的。女同学成绩非常优秀，说明她平时能够专一地学习，希望自己获得更优异的成绩；她听说小荣喜欢她，就很想关注对方，说明她也到了对异性情愫懵懂的年龄；她为此事而寝食难安，想让老师帮她，说明女孩已经意识到这个问题不能再拖延，需要马上解决，同时也说明孩子对老师是非常信任的。这也恰恰说明班主任老师需要学生认可和崇拜，需要通过帮助学生解决成长中的问题，来获得一种职业幸福感。而小荣喜欢女孩也是青春期的正常现象，但是散布流言说明这个男孩希望扩大影响力来打动女孩。通过分析三方需求，这位班主任需要快刀斩乱麻地去解决女孩的核心诉求，解决得好，班主任的需求也能同时得到满足，事情基本就能稳定下来。解决得不好，这道题就没机会翻身了。

最后，"看到契机"就是要把题目中出现的危机，转换成教育契机、成长契机和增进关系的契机。题目呈现的危机就是女孩不能自我克制，对情感问题懵懂不知，男孩除了这个还有散布谣言的行为偏差。对此，班主任首先要让女孩认识到，男孩喜欢她，她情不自禁去关注男孩，这种对异性感兴趣并想要进一步探索彼此的关系，都属于青春期的正常现象，但那不是爱情。根据美国心理学家斯滕伯格的理论，爱情三因素包括激情、亲密和承诺。目前表达喜欢连激情都算不上。这个解决的是认知问题。认知问题解决后，女孩就能理性认识到自己的行为是合理的，正常的，但也不能继续发展下去。因此，班主任接下来要教给女孩子如何克制自我，保持专注的学习状态。可以使用一些策略方法，如网课期间关掉微信，在源头上避免多余信息干扰；其次，把了解男孩的渴望巧妙迁移成其他内容，如自己的兴趣爱好等；教给女孩可以在自己分神的时候用笔记录下来，分神几次就记录几次，每天梳理一次，只要有进步就对自己进行奖励。因为管理注意力终究是自己的事情，老师可以提供方法、可以赋予能量，但是最终解决还要靠自己。至于男孩小荣的偏差行为，可以作为一个典型案例对全班同学做一次主题班会课，引导学生不要在网络上随意发表信息、发布言论，尤其是侵害国家、损害他人声誉的信息。

四、四个要素要答齐

在采取具体措施方法时，班主任的框架要包含以下四个要素：**心中有信、眼中有人、手中有尺、胸中有度**。

"心中有信"中的"信"指的是教育信仰，我们不仅要在处理某个具体情景时有所体现，而且要在解决问题的整个过程中，展现出作为一名班主任，心中怀有怎样的教育理想和信仰，而这种信仰又是如何影响班级日常管理和学生人格发展的。

"眼中有人"，这个"人"可以是学生、家长或者科任老师，指的是教育工作中涉及的一切人。大部分情况下，我们首先要关注的是学生，关注学生的情感诉求和人格发展，关注学生的全面发展和健康成长，关注学生的个体差异，尊重每个孩子的独特性和成长需求。其次，班主任也要关注自己的需求，倾听自己的心声，忽略班主任自身的情感诉求，并不能妥善地处理好事情。

"手中有尺"指的是针对问题情景，要能够提出具体可操作、符合实际情况的、能够一拳制胜的解决策略，避免空谈假谈，注重解决问题的针对性和实效性，不要回避问题，或者围着问题绕弯子。"手中有尺"还有更深一层含义：班主任手中要持有不同尺子来满足现实需求，不同的问题使用不同的方法。同样的问题发生在不同孩子身上，要使用不同的策略。

"胸中有度"指的是解决好问题后，班主任要进行反思和改进、总结和提炼。从这个案例中提炼出此类型情景共同的特点，总结出一套可复制、可推广，能够解决大部分同类问题的方法或流程。典型情景再现了生活中最为常见的事情，卓越做法展现的是能够直接拿来使用的方法策略。这就是组织举办、观摩学习班主任大赛的意义所在。

五、五个忌讳要注意

在情景处置中，班主任处理问题常见错误有五种，包括问题界定、套用模板、忘记分析、答题僵化和力求全面。

首先是"问题界定"。笔者在《鞭辟入里的情景答辩怎么处理》一文中，提出"如果短时间内不能确定这是个什么问题，就先不急着定性"，因为定性不当会影响对事情的处理。网络上有关情景处置的资料，都把"定性"作为第一步，其实这是非常不符合常情的——分析可以抓关键词徐徐展开，措施可以对应分析条分缕析进行，政策依据可以信手拈来，这些有模板、有准备都能够随时随地开展。唯有"定性"，就是问题界定，最为重要又最为不可轻率回答的，你一锤子砸下去，正中其症当然好，如果砸的不是地方，这就尴尬了。

其次是"**套用模板**"。模板可以用，但要灵活使用。既要有"母版"，也要能够根据题目作调整和修改，创造出更多的"子版"。不能"一模到底"，回答什么题都是那个味儿。同时，既要学习他人的模板，也要创造自己的模板。七八年前就耳熟能详的模板，今天比赛中仍使用，就不太适宜。

再次是"**忘记分析**"。很多班主任一激动，一上来就要解决问题。其实"定因"更重要，它就情景问题进行抽丝剥茧、追根溯源，只有分析得深入到位，才能"定策"去解决问题。分析问题是起点，解决问题是终点。前后保持一致，处理问题在逻辑上就能站得住。

从次是"**答题僵化**"。在很多情景处置中，有一种非常奇怪的现象：一些情景处置，既没有解决问题，又没有提出建设性的策略。说一堆正确的废话，对问题没有深入的思考，围绕情景泛泛而谈。针对这种现象，我们可以转换角色身份——从参赛者回到班主任。如果在现实中，你的班级真的发生了类似事情，你如何处理。实践证明，这种方法是非常有效的。

最后是"**力求全面**"。处理力求全面而不够深入也是普遍现象。不管遇到什么情景，共情沟通、朋辈帮忙、开展活动、班会助力、家校协作这几个杀手锏一亮相，参赛者认为这几个维度都答到了，这道题就差不多了。事实并非如此，在"答全"和"答深"之间，我们务必选择"答深"而非"答全"。"答深"意味着思考有深度，解决有实效。

情景处置的常见陷阱——警惕四种错误思维

班主任每天要面对几十个孩子，他们生活背景不一样、个性不一样、需求不一样，如果说每一个孩子是一把锁，那班主任就需要准备几十种钥匙来打开这些锁。因此我们才说"教育既是技术更是艺术"，教育是对千变万化生活本身的直接反映。而情景处置，则是对错综复杂生活的提升和凝练。

都说班主任难当，不仅难在有很多琐碎的事务要处理，更难在需要具备灵活多变的能力来应对每一件事情。这其实要求并不低。因此，做班主任的过程本身就是一个提升自我综合能力、开拓教育视野的过程。在班主任岗位上千锤百炼后，大抵上教育里没有更难更复杂的部分了。而我们很多年轻老师，刚刚从象牙塔的纯净世界里出来，对生活的多元、对教育的多维、对人性的多面还没有充分了解，就被安排做了班主任。因此他们在面对稍微复杂一些的情景时，就显得束手无策。

在下面这些教育情景中，班主任们的反应让笔者意识到：班主任专业化还有很长的路要走。在观摩调研了多名班主任日常工作之后，笔者总结了四种常见的错误思维。

一、用非黑即白的思维模式看待复杂问题，视野狭窄

情景1：班级实行精细化管理，对学生的奖励和惩罚采取加分和减分的方式，每天记录、每周核算、每月公示。实行一段时间后，确实取得了一定的成效，但随之问题也出现了，大家唯分是从，为了加2分，好朋友也会怒目相争，甚至单纯为了加分而做好事。作为班主任，你怎么处理？

一位班主任说，班级实施精细化管理是不合适的，会引导学生走向非常功利的方向。我建议取消这种管理方式，对学生进行社会主义核心

价值观教育……

情景2：小明和小颖是班里公认的"一对"。两人平时在校园里就手拉手，"腻腻歪歪"地去食堂，有时放学后还会在教室里卿卿我我，学习成绩很不理想。班主任发现后及时找到他俩谈心，两人嘟囔着"双方家长都同意了，老师真是多管闲事"。作为班主任，你怎么处理？

一位班主任说，按照学校相关规定，中学生早恋是违反校规校纪的。作为班主任，我会找他们谈话，要求他们立刻停止这种行为。

情景3：班级在召开"我的职业理想"主题班会，学生们轮流畅谈自己的职业理想，气氛很是热烈，轮到小雪发言，她说将来想嫁个有钱人当个富太太，引来全班哄堂大笑。她不以为然，说做人就要实际点儿。作为班主任，你怎么处理？

这个情景很有意思，前后大概有7位班主任，回答相当一致：小雪想嫁给有钱人的想法，是学生价值观出现了问题。作为班主任，在学生拔节孕穗的成长关键期，一定要纠正错误的价值观，帮助小雪树立正确的职业理想。

以上三个情景，反映了班主任惯常的思维习惯和固化的思维定式。在面对教育情景时，很多班主任一上来首先进行"价值是非判断"，认为情景中的行为是"对"或是"错"，然后再陈述如何纠正学生的行为。很多事情能用"对"和"错"直接判断吗？尤其在当今这个价值多元的社会里，**用非黑即白的思维模式去看待复杂的现实问题，是一件非常危险的事情**。试问三个问题：班级量化管理方式没有优点吗？早恋没有积极意义吗？小雪想嫁给有钱人是错误的价值观吗？

例如，第一个情景里说"班级量化实行一段时间后，确实取得了一定的成效"，那么班主任应该顺着这个话进一步阐释，班级采取精细化管理的好处多多，能够在较短时间里理顺班级事务，能较快规范学生的习惯，也能充分激发学生的内驱力，然后再话锋一转，但同时这种管理方式也有弊端，比如一些学生会逐渐把加分作为目的。

针对这种情况，班主任第一要**加强目标管理**，在实施管理之前不断引导学生说加分是手段，最终目的是养成习惯和提升班级管理水平。第二要**加强过程管理**，班主任要引导班级舆论倾向，有些无法量化的良好行为班主任要用礼物奖励、赋予特权、树立榜样等多种激励方式进行正向引导。第三要**加强思辨训练**，让学生以"如何看待好朋友为加分怒目相争"为话题进行辩论，在思辨的过程中提升价值判断能力，同时可以对问题多角度审视。

同样道理，情景2首先要分析学生早恋的心理特点、年龄特点、人群特点，要肯定学生早恋的积极意义。这个现象背后的一些问题很值得思考，比如，哪些学生更容易早恋？既然早恋是不被允许的，为什么还有那么多孩子前仆后继地去体验早恋？这些问题督促班主任思考学生早恋背后复杂的成因，应对学生早恋的对策不是简单粗暴地禁止、不是虚情假意地谈心，而是要因势利导地让学生更客观、更理性地看待这件事情。现在很多成年男女到了适婚年龄，依然不会谈恋爱，不会跟异性相处，难道不是这种一刀切的恶果吗？既然学生懂得开始欣赏异性，我们就引导学生要学会欣赏不同的异性；既然学生懂得开始关爱他人，我们就引导学生关爱更多值得关爱的人；既然学生开始恋爱了，那我们就教给学生谈恋爱要避免的坑，告诉学生辨别"渣男""渣女"的方法技巧。

我们的回答，如果一开口就是"存天理，灭人欲"这样"爹味"十足的说教，那么这个教育就是失败的。我们在此讨论的是，如何能更有效地引导学生、影响学生，面对人生的困惑和抉择时，如何理性看待，如何妥善处理而不伤害自己和他人？如果我们把这些情景只是看作班级出现的问题，那么我们的思路就会朝向解决问题这一条狭窄之路。但如果我们把每一件事情都看作学生成长的契机、看作让师生领悟生命真谛的契机，我们的思路可以通向无数条更有意义更能持续发展的路径。

情景3，想嫁给有钱人的小雪，是一位积极上进的好姑娘。她特别清楚自己的人生想要什么，也特别有勇气在同学们面前坦然相告。这一点班主任要充分肯定。小雪这个生活理想，也一定有它形成的背景和原因。所以，当同学们哄笑过后，班主任可以让大家思考下：嫁给有钱人好不好？好在哪里？这种好能维持多久？如果不好，会出现什么不好的情况。班主任还可以列举郭晶晶的例子，郭晶晶也嫁给了香港有钱人霍启刚，但她为什么依然能获得幸福？在讨论过程中，班主任要讲真话，敢于肯定有钱的必要性，同时更要提醒学生警惕"有钱万事足"的心态，这在一个人的成长中，是很危险的想法。这个引导过程需要班主任有一定的生活阅历，有深度思考的能力，更有一切教育都要利于学生终身成长的胸怀和格局。

二、不能厘清情景中的主要矛盾和次要矛盾，思维无序

情景 4：王强是个腿有残疾的孩子，行走不便且性格内向，由于家庭条件较差，常常表现很自卑。可班上有几个淘气的男同学不但不关心他、帮助他，还孤立他，给他起外号……班主任发现后找到那几个学生谈话，他们满不在乎……作为班主任，你怎么办？

王强因生理和性格的原因自卑，结果遭受同学的欺负。通过抓关键词"自卑""孤立""起外号"以及"满不在乎"，来理顺解决问题的思路。实际上在这个情景里，解决同学欺负王强是主要问题，是引起冲突的关键矛盾，是亟需解决的；而王强自卑问题是次要问题，是需要时间慢慢解决的问题。一位班主任说，这事最重要的是如何让王强变得自信。那么问题来了：相信在班主任的帮助下，王强一定会越来越好，但是当下他正被人欺负，此时此景，作为班主任应该如何做？这位班主任依旧说，我会让他变得自信，只有自信才能改变他的处境。笔者哭笑不得，这是一位非常执着的班主任，但这件事情大概率是处理不好的。因为主要矛盾没有抓住。

情景 5：一天晚上，家境贫困的走读学生小丽因想买一件名牌衣服（3000 元）与父母发生争吵，一气之下爸爸打了她，小丽赌气"离家出走"，父母找不到小丽很是着急，希望班主任能帮忙。

这里有几个问题：家境贫困、喜欢穿名牌、管教方式粗暴、离家

出走。再往下分析，家庭管教方式，经济水平，学生的价值观纠偏，安全问题。请问，这种情况下班主任首先要解决哪个问题？首先，要解决的是安全问题，要想办法跟家长一起把小丽找回来。这是火烧眉毛的事情。其次，再解决家庭管教方式和学生价值观纠偏问题，这是个长期而缓慢的过程，同时学生的价值观纠偏比家庭管教方式更为重要。因为相对于家长，孩子更容易改变。

情景6：中职生小杰是刚入校的动漫专业的学生，平时愿意玩游戏，学习态度不认真。班主任找到小杰"谈话"，小杰并不领情，说来学校上学是父母"安排的"，自己喜欢玩游戏才来学"动漫"，否则还不来呢！

小杰玩游戏、被动上职校、不接受班主任的建议，哪个是核心问题？其实这几个都不是核心问题，核心问题在"自己喜欢玩游戏才来学'动漫'专业"这句话里，小杰明显是对动漫专业不了解才会说这样的话。因此，这道题需要解决的是学生专业认同度的问题。

情景处置很多时候非常复杂，各种冲突点混淆视听。因此班主任要**先认真审题，抓关键词自然重要，更要厘清情景中的主要矛盾和次要矛盾**。如果不能把几件事情的轻重缓急搞清楚，解决问题胡子眉毛一把抓，效果自然也不好。

三、削弱处理问题的针对性和有效性，套路化严重

从近几年的情况看，班主任处理问题套路化非常严重。定性时总是说，"这是班主任五大职责里的班级管理问题"，一两个这么说，还觉得没什么，三四十个班主任千篇一律这样去思考问题，这句话就相当于没讲。因为班级管理是个非常大的概念，其内涵包括班干部培养、班级制度、班级文化建设等问题。因此，定性时要再聚焦一些，"这属于学生思想工作中的爱国主义教育不到位"，这样就更加明确了。

定因时，几乎是千篇一律的"个人、学校、社会、家庭"四角度分析法。是谁规定一定要按照这个视角来？最为关键的问题是，每一个视

角都不能分析到位，不能一针见血把问题关键指出来。比如，前文中女孩想嫁给有钱人，班主任都这样分析：从个人角度，小雪价值观存在一定的偏差；从家庭来讲，没有及时做好孩子的价值引导工作；从社会来讲，对青少年的相关教育较少。可以说，这样的分析就是隔靴搔痒，没有任何作用！定因一定要结合情景具体分析，才能为下一步措施奠定基础。小雪为什么会有这样的想法？也许小雪家境贫困，迫使她不得不为自己将来作长久打算；也许小雪的亲戚嫁给了有钱人从而获得了更好的生活，这给小雪一定的启示；也许小雪自己对物质的需求比较高，需要嫁给有钱人来保障生活；还有一种可能，小雪不想自己奋斗，想通过嫁给有钱人这条捷径，来提升自己的生活品质。那么不管如何，嫁给有钱人的想法无可厚非，但嫁给有钱人后，"王子和公主从此就过上了幸福生活"了吗？班主任需要引导小雪思考的是，在复杂的现实面前，在复杂的人性面前，小雪获得终身幸福的可控因素有哪些。这样去引导学生思考，扣住问题分析情景，思考就有了深度。

在谈措施时，不管遇到什么问题，班主任总会使用三个杀手锏：沟通共情、召开班会和家校共育。而且不管是什么情景，"耐心倾听，用心共情"总是第一步。学生受伤了、受气了、发生误会了，当然要倾听要共情。比如，第一个关于班级精细化管理的情景，学生"唯分是从"，这种情况还要倾听共情吗？王强被同学欺负了，这帮同学的心声还要倾听共情吗？还有，召开班会课的必要条件是什么？一个学生有这个问题，有必要大动干戈让全班学生跟着受教育吗？对于不同学段的学生，需要家校共育的力度是不一样的。如果学生已经高中了，更多的事情是不需要家校共育的，家校共育是有学段要求的。如前文讲到的早恋问题，班主任可以试试把家长叫来反馈孩子早恋，笔者认为这不仅不能达成期待的教育效果，而且会适得其反。没有大量的实践工作经验，也没有深入的思考，不击中要害，绕来绕去做了一堆无用功，有实效的一条也没有。那么，这个班主任就越当越有挫败感，大大影响职业幸福感。

情景处置的破局策略——借用四个经典案例

情景处置如何才能不偏不跑呢？笔者认为，最重要的是对教育情景进行适切破局。破局破得好，处理方向大致不会出问题；破局破不好，一定处理不好问题。**破局之"破"，就是打破、剥离、切割，在错综复杂的表象中抽丝剥茧，抓住主要矛盾进行针对性、创造性地解决。**下面四个经典案例，笔者将首先对情景进行破局点拨，然后再进行思路梳理。

案例1：数学老师和英语老师反映班级同学有核对答案的行为，完成作业后彼此之间核对答案，发现错误就直接改成正确答案，老师看到的作业都是全对，但是考试出来成绩不理想。数学老师和英语老师向你求助，如果你是班主任，要怎么处理？

【破题策略】

这个情景中学生核对答案跟迟到早退等其他偏差行为在本质上是不同的。后者属于行为习惯问题，而前者形成原因错综复杂，既有当下社会重视成绩、"唯分数论"的因素，又有中考比高考难的因素，还有班级价值观的导向问题……在多重因素中，学生作为不成熟的个体，被动地被错误的价值观引导，只要抓住这个，题目迎刃而解。

【分析原因】

从孩子们核对答案的行为中，肯定行为背后的动机是正面积极的，我们可挖掘此种行为后果将不利于学生正确价值观的建立。

1.时代因素

当前重视成绩，导致初中特别"卷"，时代裹挟孩子们进入一个特别重视成绩的洪流中。

2. 地域因素

优质资源分配不公导致教育不平衡，本地普通初中升学率不到60%，职高目前还不能被大多数家长接受，因此中考竞争异常激烈。

3. 班级导向

孩子们核对答案怕犯错，说明班级课堂氛围容错率较低，其实犯错是学生健康成长过程中的正常现象，班主任要倡导孩子们要从错误中学习，吸取经验教训。

4. 年龄因素

处于初中阶段的学生，自我意识虽有一定程度的觉醒，但依然处于价值观树立阶段，不可避免会有从众心理。

【具体措施】

1. 聚焦当下，召开主题班会

组织全班同学就作业的意义进行讨论，让学生明白作业是为了更好地巩固所学知识，老师也可以根据作业情况判断学生知识掌握情况，更好地调整自己的教学节奏和教学策略，同时引导学生讨论总结高效完成作业的方法，帮助学生更好完成作业。

2. 正视问题，建立错题台账

引导学生看到错题的价值，正视自己存在的问题。错题一般是学生知识掌握不够牢固的表现，错题台账的建立如错题本等措施，可以引导学生对错题进行反复刻意练习，核对答案恰恰不能让学生看到自己的问题所在。

3. 独立思考，追求精神成长

利用班级阅读会，向学生推荐经典书籍《乌合之众》，倡导学生要有意识地觉察生活中习以为常却不正确的事情，引导学生面对问题要学会独立思考，在日常实践中逐步形成坚定的自我，增强批判性思维；推荐《少有人走的路》，告诉学生追求精神成长是每个人终身不懈的努力。

4. 多元评价，完善班级评价体系

不把成绩作为学生评价的唯一尺度，在班级搭建各种丰富多彩的活

动平台，让每一个孩子都能找到自己的闪光点。当孩子们能够正确认识自我，正确评价自我时，就不会为追求作业完美而做出不合适的行为了。

案例2：初三学生面临的学业压力很大，他们渴望考入理想的高中。班里的女生小媛出现了紧张焦虑、失眠多梦等症状，部分同学也有类似症状。请您对此情景案例做出合理分析并提出恰当对策。

【破题策略】

这个情景中有几个关键点要把握好，一个是时间节点"初三"，这是一个特殊时期，学生普遍都承受着很大压力，因此帮助学生缓解压力应该作为初三整个学年的重点工作。另外，除了小媛之外，"部分同学"也出现类似症状，个体行为已经上升到一定范围内的集体行为，而学生情绪是会互相传染的，因此，如何在小范围内刹住这股"压力之流"，就是班主任重中之重的工作。

【分析原因】

1. 正确认识压力

耶克斯－多德森定律表明，动机强度与工作效率之间的关系呈倒U形曲线关系，中等强度的动机最有利于任务的完成，一旦动机强度超过这个水平，对行为反而会产生阻碍作用，导致工作效率下降。渴望考上理想的高中，本来是一件好事，但中考压力超过一定程度，就会造成焦虑和紧张，干扰正常的学习和生活。

2. 厘清价值观

到底是成绩重要，还是学生的健康重要？这里要拷问到育人者的价值观。毋庸置疑，我们教育最终的目的是促进学生全面发展，让他们成为有独立思考、人格健全的社会人。因此教育者必须首先要保障学生的身心健康发展。即使在初三，我们也不能只用学业成绩衡量学生优秀与否，或者说越是在初三，越要重视孩子的心理健康，良好的心态才能帮助孩子们越走越远。

3. 找到压力原因

学生有压力的原因有多种，常见的一种就是对未来的不确定性，害怕失败，担心考不上，针对这种就需要用可视化的努力过程来缓解学生压力。

【具体措施】

1. 协同育人，共同关注

召开科任联席会，与科任老师沟通，请老师们在关注学生成绩的同时，也要关注心理状态，可以在学习方法上给予指导，在作业布置上有梯度分层；召开小范围的家校共育会，建议家长多给孩子鼓励和支持，成绩上不抱不切实际的期望，充分照顾好孩子的生活起居。

2. 心理老师，专业介入

如果有学生症状比较严重，已经影响到正常的学习和生活，就需要心理老师专业介入，教会孩子如何正确对待学习压力，可以使用积极心理暗示法、运动法、求助法、转移法、放松疗法等来缓解压力和焦虑。

3. 团队活动，释放焦虑

学生失眠是因为大脑中褪黑素分泌不够，很多安眠药的成分也是褪黑素，褪黑素的产生是需要大脑白天分泌血清素的，而白天运动、晒太阳都有助于分泌血清素，因此基于脑科学的角度，班主任可以在班级开展"晒晒更快乐"的晒太阳活动，每天固定时间带学生进行日光浴，成立"跑步团"，利用课间或周末开展小组竞赛，给学生释放压力的同时也有助于产生血清素进而增加分泌褪黑素。

4. 目标管理，过程可视

结合学生自身实际情况，分析各科优劣势，为每个孩子"私人定制"中考目标（目标太高容易形成习得性无助，目标太低没有成就感，根据学生学业水平来设定目标较为科学）；班主任还可以根据学生的大目标进行拆分，分为多个"小目标"，通过实现一个一个这样的小目标，提升学生自我效能感，最终改变自我认知，缓解焦虑；同时，还可以通过"日计划"和"学习清单"，让努力"可视化"，当学生按计划有条不紊进行复习备考，焦虑感可以得到大大缓解。

案例 3：班上小丽是一个胖胖的女孩子，每次跟别人说话的时候，都低着头，一副拘谨的样子。有次在周记本里写道："我觉得自己很丑，也没有什么才华，真羡慕那些长得好看的同学。"终于有一天，小丽的妈妈给你打电话，说小丽暑假打算去整容，她劝都劝不住，希望班主任能帮帮忙。请对此情景案例做出合理分析并提出恰当对策。

【破题策略】

情景中的小丽患有青春期容貌焦虑，这种成长过程中的问题，大部分孩子都会有，只是程度轻重不同，这是把握的第一个关键点；第二个关键点是，学生有容貌焦虑也可能折射出其他隐含的社交问题，如身材有缺陷被人排挤、不良的人际关系或者遭受过与外貌相关的心理创伤，还有可能是早恋或者追星的原因。

【分析原因】

1. 正确认识青春期

青春期阶段是人生中快速成长的一个阶段，在此期间学生会表现出很多不一样的行为和言语。班主任一定要理解并把握青春期的特点，青春期的问题不一定都是问题。初中生无论是想谈恋爱还是想整容，其实都是孩子在整个青春期探索自我、认识自我、界定自我，从而建立良好积极自我的一个必要过程。但过度在意容貌说明自我价值观比较低，不能很好地自我悦纳。

2. 别被社会潮流误导

现在社会审美潮流有一种以瘦为美的观点，将"胖"等同于"丑"，社交媒体上关于减肥、穿搭、化妆、整容等信息层出不穷，冲击着青少年的眼睛和大脑。这样的价值观影响了小丽，使她对美的认识有了偏差。班主任要引导学生，理性分析利弊，不盲目跟从潮流。

3. 审美观念需要调整

小丽觉得自己长得丑，打算整容，这一行为也反映出她对美的本质缺乏深入的思考和认识。班主任要让学生认识到自己正处于成长极速期，容貌和身材还未定型，对自己的容貌要报以积极乐观的态度。

4. 关注朋辈舆论影响

初中孩子尤其在意同伴之间的评价，会不会是班级舆论导向有问题呢？班主任如何发挥集体教育的功能在班里形成"美"的共识？可不可以通过一些活动，让每一名学生都能被"看见"呢？

【具体措施】

教育部在《中小学心理健康教育指导纲要》中明确提出，我们要帮助学生加强自我认识，客观地评价自己，认识青春期的生理特征和心理特征。因此针对以上情景，作为班主任可以通过以下措施进行解决。

1. 尽快介入，倾听理解

告诉小丽，心理学有个名词叫作"焦点效应"，是指人们会在不经意间把自己的问题放到无限大。告诉她其实老师的青春期也曾有过类似疑惑。美的标准并不唯一，每个人对美的定义不同。老师觉得现在的你非常可爱灵动，如果你不喜欢圆润，可以通过坚持运动来改变，而非整容的手段。同时去了解小丽整容的真正原因是什么，仅仅是觉得自己不好看，还是有难以言说的苦楚？了解的信息越多，越有利于解决问题。

2. 主题班会，探讨美好

召开《"美"是什么？》的主题班会，引导学生深入挖掘"美"的深层含义，让他们认识到"美"有外在美和内在美。外在美固然好看，但真正持久永恒的，是内在精神世界的丰富和更加深刻的价值思考的内在美；接纳自我的外貌特征，发掘自我的独特价值，帮助学生树立正确的价值观，不以胖瘦论美丑；同时，教师引导孩子们对老师或同学进行"夸夸"活动，让每一个孩子都能被看见。

3. 协同育人，呵护健康

与小丽家长保持沟通，提醒家长不拿孩子与他人比较，不要夸大外在形象的重要性。对小丽多一些鼓励和支持，帮助她建立自信。与科任老师、心理老师联动，多关注小丽在学习上、品德上的表现，给予表扬和肯定，帮助她客观认识自我、悦纳自我。

4. 亲临社会，直面整容

有条件的话，可以与青少年成长中心联系，让专业人员给学生进行知识普及：未成年人的面部骨骼和肌肉发育尚未完全，过早进行整容手术可能会导致面部比例失调、骨骼移动等严重后果。同时引用实例告诫学生，如的确有整容需求，也应该去合法的、有资质的医疗美容机构进行咨询，并要求家长应该陪同前往，确保手术的安全性和合理性。

案例 4：每天下午大课间体育活动，班级总有一些女孩以身体不适为由拒绝跑步，跟家长联系，家长也总是配合孩子说："老师别为难她，孩子不舒服就不用让她跑了。"如您是班主任，您如何解决这个问题？

【破题策略】

这个情景比较简单，就是怎么让学生动起来，并且是很开心地动起来。按照"知情意行"四个步骤，先解决学生对运动的认知问题，再让学生体会到运动的快乐，在班级设立比赛制度让学生形成运动习惯，对做得好的孩子进行大力奖励，让运动在班级形成正反馈。

【分析原因】

女孩子以身体不适为由拒绝跑步，家长也配合孩子无理要求的行为，这是学生和家长因对体育活动重视不足导致的思想观念偏差问题。

1. 学生层面

一些学生确实生理不适（如经期疼痛、贫血等），一些学生因长期缺乏锻炼导致体能不足，跑步时易出现气喘、肌肉酸痛等反应，进而产生畏难心理；还有一部分认为跑步太单调，而青春期学生追求个性表达，更倾向于选择趣味性强的活动；少部分人会将学习与运动对立起来，认为体育活动挤占学习时间；此外，从众心理导致"请假群体"的形成，少数学生的行为被模仿扩大。

2. 家长层面

家长倾向于无条件信任孩子的诉求，尤其在独生子女家庭中，家长容易将"身体不适"等同于"需要特殊照顾",忽视运动对身心发展的必要性;部分家长受应试教育观念影响,认为"成绩至上",默认体育活动可被牺牲。家长自身若缺乏运动习惯,更易低估运动对学生抗压能力、团队协作能力的培养作用。因此纠正家长对体育运动的认知和观念,也是班主任的重要职责;另外,家长接收到孩子对跑步的负面描述后,未与班主任深入沟通核实,仅以"配合请假"方式处理,导致问题被掩盖。

3.学校层面

大课间若长期以绕操场跑步为主,缺乏趣味性和选择性,难以调动学生兴趣。尤其对体能较弱的学生,统一的跑步距离和速度标准易引发挫败感。青春期学生喜欢变化和竞争,而一般学校里的大课间跑步却单调乏味,因此在班级里如何组织有趣味的、能激发学生活力的体育活动,将是班主任需要特别关注的。学校对"身体不适"的请假缺乏科学核验流程(如校医复核),导致管理松散,同时,未建立运动参与度的激励机制,学生缺乏持续参与的动力。

【具体措施】

1. 学生层面:重构运动认知,激发学生动力

分层分类设计活动,满足差异化需求。如根据学生体能测试结果,设置"挑战组""基础组""舒缓组",制定差异化的跑步距离和强度;也可以项目自选:除跑步外,增设跳绳、健身操、打球等选项,学生每周可自由选择2~3种项目,通过"运动打卡"记录参与情况;对生理期女孩表达关怀,与校医室合作开设"女生健康课堂",指导学生经期科学运动,并提供替代活动(如拉伸训练)。

融入游戏化机制,提升参与趣味性。设置主题挑战赛:每月设定趣味主题(如"环校马拉松积分赛"),将跑步里程转化为虚拟旅行地图,累积积分可兑换相关奖品;还可以布置团队协作任务,以班级为单位开展"运动接力赛",每名学生完成指定任务可为团队加分,强化集体荣誉感。

开展健康认知教育，成长数据可视化。通过智能手环记录学生运动心率、消耗卡路里等数据，定期生成"健康报告"，直观展示运动对身体机能的改善效果；还可以邀请校友中的运动员或通过运动克服健康问题的学生分享经历，破除"运动无用论"。

2. 家长层面：构建共识，推动协同育人

家校联合健康行动。通过开设家长课堂，如《运动改变大脑》，邀请体育专家、心理教师解析运动对大脑发育、情绪调节的促进作用，扭转"运动耽误学习"的认知。

透明化沟通机制。对频繁请假的学生，提供校医出具的《体能评估建议》，与家长协商制订渐进式运动计划，如从每周跑1天逐步增至3天。要求长期请假的学生提供医院证明或由校医面诊，避免"习惯性请假"被默许。

3. 学校层面：优化管理机制，营造运动文化

打造"体育＋"课程生态。用跑步测算校园跑道周长、理解运动时人体功能机制，增加知识性趣味，实现跨学科融合；每周设定不同主题日，通过变换音乐、道具、路线设计降低重复感，并将大课间主题化。

建立动态评价体系。设立"坚持之星""进步之星"等奖项，通过晨会表彰、校园广播宣传等强化正向激励；使用运动类APP记录学生参与数据，生成学期运动档案，作为综合素质评价参考，实现数字化管理。

创设支持性环境。在跑道周边增设储物柜、饮水点、遮阳棚，升级设施，提升运动舒适度；设立由体育委员和热心家长组成的"运动陪伴团"，让同伴加入支持小组，对抗拒运动的学生进行一对一鼓励。

最后，班主任要强调，通过精准归因、分层施策，将强制参与转化为主动选择，让体育活动真正成为学生释放压力、提升意志能力的途径。班主任需扮演"协调者"的角色，联动家庭与学校资源，在尊重个体差异的同时，传递"科学运动，终身受益"的价值理念。

案例分析
关注真正需求是应对情景处置的金钥匙

【情景描述】

随着"预制菜"问题越来越为公众所关注，五年级（1）班小铭家长在班级微信群发言，指责学校供应"预制菜"给学生是很不负责任的行为，担心影响学生健康。随后，这个话题引发部分家长的跟帖、议论和批评。如果你是班主任，你怎么处理？

【处置应对】

根据题目，社会上关于"预制菜"的讨论越来越多，家长们看到相关新闻后，班级群里由小铭家长发起讨论，其他家长不断跟帖。其实作为一名母亲，作为孩子们健康成长的守护者，我认为家长的担心非常正常。他们关注的是学校对预制菜的态度，而并没有明确指责我们学校。在这件事情中我看到了家长需求，我会顺势进行正向引导。

基于以上分析，我将会引导家长与学校站在一起，助力孩子健康成长。

第一，**安抚和发声**。面对班级群种种反馈包括批评和指责，作为班主任我应该适时发声。第一步，**共情**。"尊敬的各位家长，非常了解大家此时的心情，作为孩子的班主任，我深知大家对孩子饮食重要的关注"。第二步，**表达**。"因为对孩子饮食的关注，我曾经对孩子们做过问卷调查，还专门开展过一次挑食主题的班会课。而且每天我跟孩子们同餐同食，目前尚未出现身体不适状况。据我所知，"预制菜"在我校是根本不存在的。请大家放心！"第三步，**反馈**。"如果您对预制菜问题还存有疑虑，请您向我班家委会反馈"。第四步，**调研**。上面的共情、表达和反馈是回应家长的三步，最后一步，我要认真调研此事。作为新时代班主任，我们要有科学调研能力。我会查询网络资料，看看预制菜对孩子们成长究竟有哪些坏处。

第二，**向上反馈**。作为班主任——整个舆论的导向者，我也会与学校后勤处进行沟通，反馈家长对预制菜的意见和建议，以免舆论扩大，影响学校和班级的正向发展。在这个环节中，我会了解学校是否有预制菜、什么预制菜，如果真的有预制菜我们该怎么办。

第三，**跟进落实**。我会请学校家委会代表来校参观食堂，让家长亲眼见证原材料加工成餐饭全过程，同时将厨师从业资格证也呈现给家长。我相信，对于学校的透明化做法，家长对学校的疑虑会慢慢解除。家长也能从中看到班主任的态度：面对舆论，我们真诚坦荡，认真解决。

【作者简介】赵秀秀，深圳市南山区中国科学院深圳先进技术研究院实验学校教学处副主任，广东教育学会德育委员会理事。荣获第四届广东省青年教师教学能力大赛班主任组小学段一等奖，第九届深圳市班主任专业能力大赛小学组一等奖等荣誉。

【我来点评】

这位班主任分析问题鞭辟入里，亮点频现。

第一，厘清正当需求，凸显动机。

班级群里公开讨论预制菜，很明显，家长们就想知道学校有没有预制菜，希望班主任能够明确回应此事，这是动机。再往下挖一层，这个动机背后是家长希望孩子能够健康成长，但是这个需求没有得到满足。如此正向需求，表达出来却是怀疑的语气、问责的态度，而班主任能从错综复杂的事件中，厘清家长的需求和做法，区分动机和表达，笔者认为这是非常了不起的一点，也是处理此事的一个突破口。

第二，纠正错误做法，有章有法。

家长对孩子的身心健康表达关注，对学校预制菜问题存有疑虑，这个需求的合理性和正当性，并不意味着在班级群里大肆讨论预制菜这种做法是妥当的。针对这种不当做法，班主任作出了"共情""表达""反馈"和"调研"四步走。据陈力丹在《舆论学：舆论导向研究》中认为，"舆论具有传播性、趋同性和可引导性"，正因为有传播性，所以在舆论发生的开端，就要想办法限制传播范围和传播速度；家长的从众心理和趋同行为，极有可能演变成极端的"群众极化"，因此，班主任的引导此时变得极其重要。引导得好，消极舆论会转化为积极舆论，进一步深化家校之间的理解和合作；引导得不好，消极舆论继续发酵，对班级、对学校甚至对学生的成长都没有任何好处。正所谓"枪响之后，没有赢家！"而这位班主任回应质疑，澄清误会，积极反馈，跟进落实，尤其是实事求是的调研态度，体现出新时代班主任应该具备的素养！

第三，引导家校共育，化解危机。

如果班主任只有上面的四步，虽说回应及时，也算妥当，但如果没有后续动作，还是缺乏处理事情的真诚态度。好在还是有惊喜举动：将情况上报给学校，并与后勤处沟通此事，以确认是否有预制菜一事。在学校日常管理中，班主任直接出面与后勤处沟通，这个行为是不符合常规管理流程的。应由德育处上报学校，再由学校与后勤处沟通。最后一步做法，邀请家长进入食堂参观，让家长眼见为实解除疑虑。根据2023年教育部十三部门联发的《关于健全学校家庭社会协同育人机制的意见》，"学校要充分发挥家长委员会的桥梁纽带作用，以多种形式听取家长对学校工作的意见建议"。学校是家校共育的决策主体，家长是家校共育的参与主体，学校重视并理解家长的诉求、意见，耐心听取，并转化为学校工作提案，这是时代对家校共育提出的新要求。班主任能够如此引导，巧妙化解危机，这个要点赞。

第四，提炼处理原则，完善机制。

在这点上做得非常好：将当下面临的挑战和问题当作完善工作机制和改进工作方法的重要契机。家长在班级群里讨论学校预制菜问题，至少说明存在一个问题：学校与家长之间没有完善的沟通机制。学校预制菜问题属于后勤保障范畴，家长要深度参与学校各方面管理，就不能通过班主任这个单一的渠道，而应该通过其他更为多元和高效的方式，如比较常见的有"校长信箱""智慧校园平台"或者校级家委会督促会，等等，即便家长有建议和意见也能直接对接相应部门，何必让小小的班主任夹在中间当传话筒？敏锐抓住这一点，建议学校完善相关家校沟通机制，畅通沟通渠道，引导家长通过正向方式发表意见，而不是在班级群里让舆情发酵。笔者认为这是这个危机事件中最有智慧的处理。

这个情景处置层层递进，一针见血，让人心服口服。但同时也有不够完善的地方。

其一，抓住主要矛盾，切勿以小概大。情景描述里，最先小铭爸爸提出这个问题，且"班级部分家长跟帖、评论和批评"，因此在这件事情的处理上，可以把这部分家长跟其他并没有发表意见的家长区分开。因此班主任在四步走后续的一系列事情里，可以缩小范围，只对以小铭爸爸为首的少部分家长作交代即可，这也是一种闭环思维。涉及舆情的危机事件，须抓住舆情源头，及时处理，切勿扩大事情影响力，让事情走向不可控。

其二，公共场合发言，舆情管理重要。班级群是公共场所，一句不当言行极容易煽动家长情绪，引起不必要的纠纷或误会。在班级群里直接议论预制菜这么敏感的问题，说明班级群的管理要加强规范，要引导家长认识到班级群里发表言论也要负有相应法律责任。班主任在建群之始就开宗明义定好群规，并把能够向学校建言献策的渠道开放给家长。如此，把消极舆情在班级群里的蔓延，在萌芽状态就将其扼杀。

其三，家校共育路远，全方面建章立制。当然更重要的是，学校管理层要高度重视此事，增加一些措施来消除家长疑虑。如每周公布菜谱，定期公开发布餐饭制作图片，适时向学生调研"你心中的十大最美菜肴"，开放日增加开放食堂等。家校共育之路漫漫，需要学校全方位建章立制，吸引家长参与学校管理的方方面面，这也是学校进步的一大动力。

第五章

班主任专业进阶：
从基本功到高级思维的
多元能力建构

班主任的基本功比赛

2020~2021 年两年内我先后参加了七场比赛：深圳市南山区中小学班主任专业能力大赛初赛，获得中学组冠军；深圳市职业院校中职班主任业务能力比赛，获得第三名（也是唯一的二等奖）；第八届深圳市中小学专业能力大赛，获得中职组冠军；广东省职业院校中职班主任业务能力比赛，获得一等奖（第四名）；广东省职业院校最美中职班主任比赛，获得全省第一名；第八届广东省中小学班主任专业能力大赛，获得中职团队赛冠军；全国职业院校中职班主任业务能力比赛，获得一等奖。

比赛成绩突出是多方合力的结果：本人接受十年师范教育，教学基本功较为扎实；参赛时已有十年班主任经验，在一众参赛者中年纪最大阅历最为丰富。当时学校领导非常重视比赛，在很多方面都给予支持，南山区教育局、深圳市教科院和广东省中职德育中心提供了全面精细的专业指导和强度很大的赛前培训，当然，这些条件都可遇不可求。而作为参赛者，我们可以控制的因素，就是将比赛如机械般拆分，研究每一步高效之道，最终在赛场上完美展现。下面将从备赛、比赛、赛后和升华四部分展开，呈现班主任专业能力大赛在时间轴上的全貌。

一、备赛篇

（一）参赛旗帜这样立，掷地有声

无论是因为什么走上参赛之路，只要踏入赛道，就要全力专注——从心理建设到日常行为，围绕工作和生活进行 360 度无死角的"竞赛生活"塑造，利用周遭一切资源不断提醒、暗示自我，在此后一段时间里，"我的一切都是竞赛的一切，竞赛的一切就是我的一切"。首先打造

"竞赛环境"：床头上、餐桌前、手提包里、电脑文件夹、微信收藏夹到处都充斥着比赛书籍、文件、视频和知识便条；从日常工作中挖掘"竞赛因素"：学生谈恋爱了、家长不配合、工作有倦怠感等，不妨当作是一道道情景处置题目，或者一个个亟需解决问题的主题班会，如此一来，日常工作"事事是题目""天天在历练"；最后，向学生、同事以及家人宣布，甚至在朋友圈发一条"今年，我要参加班主任大赛啦"。这样立参赛旗帜，掷地有声，绝不回头！

（二）备赛清单这样列，全面且详细

全面打造竞赛生活后，备赛规划提上日程。班主任大赛是综合性非常强的比赛，需要深厚的知识储备；赛前需要制作三个清单：学习清单、时间清单和人员清单。

第一个是学习清单。 在备赛过程中，要通过哪些媒介进行学习，学习什么知识，如何进行学习。

1. 阅读德育书籍

读多少德育书籍，哪些是必读的、哪些是选读的，必读书目要达到什么程度，从书中提炼哪些有价值的知识，如何考查自己对这些知识的掌握。

2. 背诵政策法规

在目前已经发布实施的政策法规中，哪些是重要且必背的，哪些是了解就可以的，这些政策法规如何背诵和复习才能完全掌握，如何在答题时灵活运用政策法规。

3. 积累教育金句

怎么辨识一句话是不是教育金句，从哪里获取这样的金句，大约储备多少句，在答题的时候如何引用效果会更好。

4. 观看比赛视频

把近几年相关的比赛都列出来，思考下我们在观看视频时究竟是看什么，怎么看，通过看视频达到什么目的，如果你是教练，每一位选手的提升点在哪里。

5. 提炼实践经验

在过往的班主任工作中，哪些做法可以总结为教育规律，哪些事件可以提炼为典型案例，哪些经验可以升华为理性认识，通过总结、提炼、升华，将实践经验变成我们备赛的素材库。

第二个是时间清单。从备赛到比赛不到一年的时间，需要掌握的东西又如此之多，因此务必有一个详细的规划表，包括学习材料、时间节点、考核标准以及奖励条例。到什么时间学什么东西，如何考核学习效果，达标后奖励自己什么。这个清单关系到实操问题，要符合实际情况、循序渐进有梯度、有灵活性，要对备赛进程有一个合适的节奏调控。这个时间清单也是备赛过程中缓解焦虑的有力工具，这种步步为营的掌控感，会极大增加对比赛的信心。

第三个是人员清单。比赛是一个人的战争，是自我与自我心力之间的战争，但同时也要把比赛看成是一个团队通力合作的项目，这个项目包括三个因素：动力源泉、备赛团队以及专家团队。

1. 动力源泉

在漫长备赛过程中，当我们失意、灰心、沮丧时，可以从哪里获得继续前行的动力呢？把鼓舞和支持我们比赛的人列出来：自己（想想当初比赛的初衷，从过往中寻找优秀事迹来自我激励，不断做心理建设相信自己一定能行）、家人（他们的关爱和接纳就是能量源泉）和学校领导（比赛一年仅一次，这样难得的机会，领导只留给了我，这是怎样的一种信任和荣耀），也许还有其他，请列出来。

2. 备赛团队

一般学校都会配备陪赛团队，如果没有，请说服领导为参赛者拉一个团队，因为这其实是学校梯队培养的一种策略。备赛队伍最少由三人组成，一人以往参加过班主任比赛，是团队的备赛教练，无论她比赛成绩如何，她都能为你提供最直接的指导；另外两人学习意愿强，对比赛有兴趣，预计明年和后年参赛，是我们的备赛同伴。备赛教练、备赛同伴和参赛者组成四人团队，大家采用分工合作模式推进比赛。备赛学习清单，应该是与备赛教练商讨过的，教练把握备赛的节奏和方向，提供备赛选择和建议；同伴与参赛者一起查找学习材料，提供素材、参与学习、探讨问题，一同操练比赛题目。这个学习共同体将是比赛旅程中极为重要的人力资源，他们今年是参赛者的学习同伴，明年或后年的参赛者就是他们的比赛教练，大家互相依存、齐心协力、共铸辉煌，成为真正的成长共同体。

3. 专家团队

不同的备赛阶段，需要邀请不同的专家团队，制定不同的指导方式和培训强度。在决定参赛之初，首先要参加班主任论坛这样的活动，专家团队会进行班主任大赛的普适性教育；通过一系列讲座，我们对比赛有个大概的了解；在备赛过程中，对能力要求和具体模块，需要有针对性、有目的性地邀请专家，这一阶段建议邀请往届国赛省赛冠军，他们刚刚参加完一轮比赛，对比赛的模块、具体要求、注意事项都有极为清晰的了解，他们直接将参赛者带到正规赛道，避免走弯路；而在比赛前夕，参赛者已经完成相关材料的撰写之后，就需要邀请更高级、更综合的专家来指导，他们熟悉教育学心理学理论，熟知各地选手水平，并亲自指导了几十位国赛省赛冠军，是真正理论和实践相结合的实力派专家。这样的专家看材料，能够点面结合，三五句话就指出要害，让参赛者醍醐灌顶、大彻大悟。

二、比赛篇

在备赛一段时间之后，就要正式进入赛场了。班主任大赛目前包括班主任基本功、班主任专业能力和"我最喜爱的班主任"风采大赛。比赛不一样，要求也不一样。其中最难的就是中职的班主任业务能力比赛。下面以中职赛事为蓝本，把比赛过程中最为重要的关键和细节指出来。中职班主任比赛分为初赛和决赛。**初赛是入场券，决赛才是手里的标价牌。**

（一）初赛材料这么备，万无一失

按照《全国职业院校中职班主任能力比赛方案》的要求，初赛需要提交四份作品：班级建设方案、班级管理育人典型案例、班级活动设计及课堂实录和专业人才培养方案。

1. 班级建设方案

与其他材料相比，班级建设方案最重要。因为它是班级在一段时间里发展规划的总领纲要，在某种程度上决定着其他三项的思想和内容，也是最重要、分数占比最高的一项。一份出彩的班级建设方案，应该逻辑清晰、要素齐全、内容丰富、特点鲜明，如果能在形式上多元呈现、美观清晰，那就是精品中的精品了。

2. 班级管理育人典型案例

班级管理育人典型案例是 2021 年的新增项目，广东省中职德育中心汪永智教授撰写过一篇《班主任如何撰写"典型工作案例"》，文章认为撰写一个有价值的典型工作案例，应该做到"六个一"：**选取一个好素材、命名一个好题目、突出一个好办法、达到一个好成效、形成一个好经验和呈现一个好文本。**这篇文章深入浅出地展示了典型工作案例的撰写方法，成为广大参赛选手的"及时雨"。

3. 集体活动策划及实录

集体活动要求设计 2 个，一个活动是固定主题，另一个按照班级建设方案的安排自选主题进行设计。参赛者选择其中一个活动进行现场实录，活动设计用文本呈现，课堂实录用视频呈现。与班会课一样，优秀的集体活动也要遵循"知—情—意—行"的品德形成规律，还要立意高远、设计精巧、素材新颖，并且最终能够落地。如果能体现专业特色，那就更出彩了。实录内容要严格遵照文本设计，形式更要讲究美感：师生服装、表情动作、教室布局以及画面质感、声音聚合等方面，都要精心设计，保证评委一打开视频，就被深深吸引。

4. 专业人才培养方案

参赛者还需要提供经学校审核、所带班级实际使用的专业人才培养方案。这个方案能够明晰班级人才培养目标和培养路径，是我们在撰写班级建设方案时非常重要的参考文件。

初赛这四项材料提交上去后，评委会进入网站进行评审。因此，作品上传网站前一定要再三检查是不是最终版本，视频是否清晰，文字是否有乱码现象。初赛结果一般会在一个月后公布。

（二）决赛现场这样做，一气呵成

如果能从初赛胜出，说明你已经通过了非常重要的一关，接下来的决赛，需要做更多的准备。

决赛现场有四个环节：班级建设方案实施效果汇报 8 分钟，班级活动策划 6 分钟，模拟情景处置 6 分钟，答辩 8 分钟。因此决赛前能够进行充分准备的是：班级建设方案设施效果汇报 PPT 及逐字稿、35 道班级活动策划题目和 35 道模拟情景处置题目。

1. 班级建设方案实施效果

班级建设方案实施效果汇报是什么？跟班级建设方案有什么关系？其实初赛提交的班级建设方案只是一个文本方案，预设是建班之初班主任对班级发展作出的一个规划文本。那么这个方案实施了没有？效果如何？怎么实施的？就需要用 PPT 展现你实施这个建设方案的过程和效果。这需要你在日常工作中多积累一些班级活动素材，并能够从新颖的角度切入，为评委呈现带班育人效果。

2. 班级活动策划和模拟情景处置

班级活动策划和模拟情景处置的准备动作都一样，都是提前准备题库里的题目，现场展示 6 分钟，并给评委提交纸质版方案。班级活动策划 35 个题目和模拟情景处置 35 个题目都是 2020 年 12 月公布的，而且这两年并没有太大的变化。因此一旦参赛，就应该带着备赛团队集中准备的这70个题目，每一道题目要提前设计好方案、制作课件，并经常抽取题目进行模拟演练。

3.问题答辩

答辩就是评委根据参赛者提供的材料和展示内容，提出三个问题，并从集体活动实录视频参加学生名单中抽取1人，参赛者针对屏幕呈现的问题，逐一进行回答，介绍抽取学生基本情况和入学以来成长情况。答辩时候要注意，先把问题读懂，然后用结构化模式来回答问题，**即论点（素材）——分论点1（素材1）——分论点2（素材2）……**一个出彩的答辩应该紧扣题目、观点明确、论据充分、逻辑严密、条例清晰。

4.资料准备

决赛前，应将班级建设方案文稿打印多份（现场分发给评委），熟练演绎实施效果汇报，并将实施效果汇报课件和70个题目库直接放在你的电脑里，做好万无一失的准备。

5.场地勘察

决赛前一天，一般都会通知参赛者报到并熟悉现场，抽签决定比赛顺序。查看决赛场地到底看什么？看具体位置，看面积大小，看赛场光线，看哪个位置演绎效果最好，看评委席对参赛者的影响，看课件能否在现场电脑中正常播放……

6.候考安排

决赛当天，携带电脑以及备考资源，按照抽签顺序进入备赛室。参赛者在备赛室内的40分钟里需要抽取班级活动策划题目和模拟情景处置题目，并根据提前准备的材料撰写方案并打印多份纸质版（提供给现场评委），优化课件准备现场呈现。如果不会合理运用40分钟，就会手忙脚乱。因此，建议决赛前进行多次模拟演练，并形成"操作清单"：抽题（2分钟）——查看准备资料（10分钟）——撰写纲目式方案（10分钟）——优化课件（8分钟）——再优化两个方案和课件（4分钟）——打印纸质版方案（2分钟）——操练（4分钟）。如此规定程序和时间的

"操作清单"，能在一定程度上缓解我们在备赛室的焦虑，保证我们自信满满地出现在评委面前。

7. 时间把控

决赛现场从 20 分钟倒计时开始，参赛者所站位置要能够清晰看到计时器，随时调整语速确保时间合适。20 分钟过得非常快，一般情况下每一项不要超时或缺时太多，否则很容易因时间把握不到位而被扣分。三项结束后，休息 10 分钟，再进行 8 分钟的答辩。整个流程需要平时多次模拟演练，才能熟悉掌握、一气呵成。

三、赛后篇

（一）彻底放松一段时间

比赛结束以后，给自己放个假——整顿下心情，去开心地品尝美食、逛逛街，跟许久没有联络的朋友聊天，去海边听海浪拍打岸边的声音，总之，让自己彻底放松快乐。在那么长一段时间里认真地备赛、努力地付出，无论比赛结果如何，你都值得被尊敬被犒劳。比赛之后，还有一些非常重要的事情，需要我们亲力亲为。

（二）分类整理备赛资料

长达几个月甚至几年的备赛，积攒下厚厚的笔记本、专业书籍、便签条以及电脑里一个又一个的文件夹。请按照三个类别来梳理分类：扔弃的、保存的和送人的。我在备赛过程中有大量的手写稿和模拟演练的视频，这些资料几乎占据了所有书柜空间和手机内存，我只保留了几个样本，其他全部删除。那些被扔弃掉的都是参赛努力过的痕迹，但我们不需要全部保留，因为此后会一直在努力的路上，清零后重来。把备赛过程中，专家指导的图片、同伴讨论的视频甚至是抽签条和参赛牌，还有在赛场上意气风发的精彩瞬间，都一一珍藏。那些有价值的理论书籍、政策文件、题目库以及以往参赛视频，把这些送给备赛伙伴，因为他们明年就能用到，对备赛者来说这些都是弥足珍贵的学习材料。

（三）梳理提炼备赛干货

备赛资料分类处理后，书柜上空空如也，也许会有些许失落感，不——它们都变成了知识晶体，储存在我们的大脑中。因此，趁着参赛体验还热乎着，请及时复盘，将备赛过程和参赛心得，按照项目一个一个地详细记述出来，这是比赛后极为重要的环节。通过复盘，我们重新梳理、提炼，站在时间轴上回望过往，发现哪些付出是值得的，哪些是无效的，对备赛历程的审视，也是我们日后成为教练，传授经验的宝贵"秘笈"。

我索性把比赛当成一个课题项目按照赛前、初赛、决赛和赛后四个环节进行梳理，越梳理越多，最后整理成 24 节系列课程。由一个问题引申出一些问题，再到一系列问题的思考总结，这种系统思维的好处就是整个班主任工作条分缕析地变成一个个知识模块。关于班主任比赛的 24 节课程，从 2022 年成型到 2025 年，如今已经经过了两轮打磨和修改调整，目前已经是 3.0 版本（课程清单附在后面）。这套课程已经指导过很多班主任，并辅助他们拿到了卓越的奖项。

（四）链接人情关系

比赛以后，还要开展感恩行动。请回忆并写出那些在备赛过程中给予帮助、支持和鼓励的人的姓名，为每一位准备一份小礼物，表达诚挚的谢意。在漫长备赛过程中，他（她）哪一个举动给予了温暖，哪个瞬间让我们倍感鼓舞；如果可以，邀请他（她）们一起吃饭，在推杯换盏中彼此之间有了更深的链接，情感有了更充分的涌动。有的人比赛后，多了一群好朋友，而有的人比赛后，曲终人散，只剩伊人独唱孤歌。有位专家说，比赛比到最后，其实比的不仅仅是知识、能力、智慧，更多时候是比参赛者的修养和魅力。

作为班主任被学校推选出来代表学校参赛，这是一种无上的荣耀。因此不管比赛结果如何，赛后我们应该在学校大群里对所有的领导和同事，发一段谦逊诚恳的获奖感言。譬如我当年是这样发的。

当获奖喜悦慢慢褪去，心情逐渐平复，回首备赛点点滴滴，深感比赛如人生，过程比结果更精彩。"若有蝴蝶飞过了沧海，定有无数伙伴在成全。"学校在团队协作过程中体现出的敬业、团结、精进和奉献，才是获奖的根本原因，而我何其幸运，只是成了被推出来领奖的那个人。再次感谢学校的每一位同事，因为有你，明天更加美好！我将不忘初心，继续砥砺前行！

同时，我把这段话扩展后，发在朋友圈里，对那些帮助过我的人，进行一一道谢。

当获奖喜悦慢慢褪去，心情逐渐平复，回首备赛点点滴滴，深感比赛如人生，过程比结果更精彩。感恩学校的大家长——校长，您的运筹帷幄、高瞻远瞩让学校这个大家庭愈来愈有生机，您对我个人的信任、鼓励和支持，才有一尺之台让我绽放；感恩德育处——我的坚强后盾，×××一句"你就安心备赛，其他一律别管"，如冬日暖阳让我倍感温暖；感恩×××名班主任工作室——我的备赛团队，精心打磨作品、尽心提供思路、反复研讨题目，为我专业能力的提升给予最有力的帮助；感恩教务处，克服各种困难帮我调课安排自习，让我安心比赛专注集训；感恩信息中心，不厌其烦为我反复拍摄七八次赛课，让我的班会课得以精彩呈现；感恩我的学生——×××班的32名学生，为了配合我的比赛，反复参与班会课拍摄，接受我将近30小时的个人访谈；同时也感恩许多同事无私的帮助和付出：×××既是密友又是严师，这半年来全程全方位对我的监督、鼓励、指导，是获奖的第一大功臣；从市赛到省赛再到国赛，×××全程陪赛，跑光明、上佛山、战长沙，真心给力；×××，说得少做得多，有些让我知道，有些都不让我知道，师徒情深深如许；×××赛前改稿、赛中研讨、赛后又撰写通讯稿，这位95后的年轻同事让我敬佩不已；×××严谨认真，多次校正方案、审稿把关，加班到深夜；×××善良相助，四处求人为我制作课件，只为呈现最完美的演示效果；×××是行走中的食堂，饥饿时总能提供零食夜宵；×××欣然答应为我制作课件，耗费大量时间精益求精追求完美；

×××多次为我改稿，提出了相当专业有水准的意见；×××为班级学生配合比赛，做了事无巨细、大量的工作；×××将其比赛独家秘籍倾囊奉献、毫无保留；×××帮我接送孩子、辅导孩子作业，解除我后顾之忧；×××等一众同事在我沮丧时的鼓励，让我更有勇气前行。"若有蝴蝶飞过了沧海，定有无数伙伴在成全。"我们在团队协作过程中体现出的敬业、团结、精进和奉献，才是获奖的根本原因，而我何其幸运，只是成了被推出来领奖的那个人。再次感谢学校的每一位同事，因为有你，学校更加美好！我也不忘初心，继续砥砺前行！

四、升华篇

比赛后再回到工作岗位，回到原来让我们困惑的教育问题里，突然发现痛点不再痛，难点不再难，解决之策就在练习的每一道习题里，背后的原理就在背诵的每一个章节里。比赛，解决的最基本问题就是教给班主任如何带班育人。而**比赛不仅仅提升带班育人能力，还教给我们如何去宏观地看待自我与实践**。比如，如何探索自我、发现世界，如何寻求生长、不断突破边界，这些问题本来是哲学范畴的问题，但是比赛打破旧我、新我涅槃的过程，也会教你这一切。

（一）比赛打开了一扇探索自我的窗户

如果不参与其中，你永远不知道自己的潜力有多大。我记得那时我要准备比赛，而且还要评职称。时间非常紧张，最忙的时候两个月住在办公室里，只要脑子清醒，就沉下心来备赛。当时市赛没有经验，略为仓促，但省赛就从容多了。最终也拿到了高级职称。不敢说"只要努力，就一定能成功"，但我们可以说"只要你笃定，事情总有进展"。

（二）比赛凸显团队的重要性

整个备赛团队非常给力，几位老师在资料准备、作品打磨等方面起了相当大的作用；省德育中心多次给予专业指导，两次召集参赛者到省里集训，邀请了省内外德育大咖来指导，指出明确的备赛方向。区教育局领导亲自集训班主任到深夜，关注备赛进度，提炼应变技巧，提升现场表现力，可谓"呕心沥血、鞠躬尽瘁"。当然，最重要的家人也给予了鼎力支持，爱人揽下大部分家务，把年幼的孩子送到晚托班……比赛获奖，凝聚的是无数人的努力。所以，通过比赛，我彻底改变了以前孤军奋战的思路。我认识到不管哪个时代，哪种场景，学会求同存异，学会合作，就能获得共赢，生产力就能迅速翻倍。

（三）比赛凝结教育生活的精华

参赛也让我发现比赛不是孤立的，它是教育生活中真理的浓缩。比如，情景答辩第一步要先判断"这是一个什么问题"，第二步再分析"这个问题的形成有哪些因素"，第三步给措施"针对这个问题我有哪些措施行动"，第四步谈依据"做这些行动我依据哪些政策文件或者教育原理"。分析问题解决问题的过程，就是训练思维的过程。无论做科研还是行政工作，如果有意识地训练思维，就会让决策更加科学合理。

（四）比赛带来一系列荣誉

比赛结束，最终拿到国赛一等奖，不仅为长达两年备赛旅程画上完美的句号，而且也为此后的职业发展拉开了序幕：省级最美班主任、省级名班主任培养对象、省级德育指导委员会成员、市级中职班主任能力大赛国赛教练、市级第三批名班主任工作室主持人、区班主任能力大赛负责人……

教育说来并不简单，但怀有一颗赤诚之心，在探索中寻求意义，在发现中不断生长，在生长中尝试突破，在突破后进行反思，在反思中跨界融合。回望来路，不禁感慨万千，希望每一位参赛班主任，都能一路生花，因比赛人生更精彩！希望每一位读文章的人，都能认真工作，快乐生活，享受每一天的幸福生活！

附：中小学班主任能力大赛课程（共 24 节）

一、备赛篇

1. 参赛旗帜这样立，掷地有声

2. 备赛计划这样列，张弛有度

3. 政策法规这样背，临阵不慌

4. 专业书籍这样读，稳扎稳打

5. 教育金句这样用，画龙点睛

6. 语言表达这样练，简洁流畅

7. 备赛团队这样陪，身心赋能

8. 专家指导这样问，针对有效

9. 比赛视频这样看，快速提升

二、初赛篇

10. 带班方略这样谋，高屋建瓴

11. 班会设计这样做，条目清晰

12. 班会课堂这样录，美轮美奂

13. 典型案例这样写，典型突出

三、决赛篇

14. 候考时间这样排，紧凑高效

15. 决赛现场这样看，重点突出

16. 汇报效果这样说，精彩绝伦

17. 班级活动这样搞，务实新颖

18. 情景处置这样演，合情合理

19. 现场答辩这样讲，清晰缜密

四、赛后篇

20. 备赛资料这样整，井然有序

21. 参赛心得这样写，及时复盘

22. 感恩私信这样发，有情有义

23. 获奖感言这样编，谦逊诚恳

24. 庆功盛宴这样开，完美收官

班主任的专业阅读

班主任专业阅读是提升育人能力的重要路径。苏霍姆林斯基强调："教师的教育素养取决于读书，读书，再读书。"专业阅读为班主任构建系统的教育认知体系，帮助其从经典教育理论中汲取智慧。通过研读各类著作，班主任能更科学地应对学生成长问题，用思想之光点亮学生精神世界。但在实际生活中，喜欢阅读并且能够持之以恒的班主任着实不多。笔者以自身为叙述蓝本，聊聊班主任教师要阅读哪些书籍来推动自身成长。

第一类：德育类书籍

谈到德育理论经典，国外当属卢梭的《爱弥儿》，这是一本自然教育理论的代表作，主张通过情感体验培养道德人格，影响现代教育实践；亚当·斯密的《道德情操论》，是一本经济学之父从情感哲学角度剖析道德根源的书，提出"同理心"是道德的基础，深刻影响了西方伦理学发展。国内理论教科书推荐鲁洁和王逢贤编写的《德育新论》，这本书系统梳理了中国德育理论与实践，结合传统文化与现代教育理念，构建本土化德育框架；黄向阳的《德育原理》则是从哲学与心理学视角解析道德教育规律，提出"知情意行"整合的德育模式。

德育实践专家推荐北京王晓春和南京陈宇。王晓春是北京教科院德育专家，他的《今天怎样做教师：点评100个案例》《问题学生诊疗手册》《教育智慧从哪里来》，分析问题往往让人眼前一亮；南京陈宇是一名化学老师，他的内容借鉴性比较强，如《班主任工作十讲》《班级管理课》《班主任工作思维导图》。魏书生的《班主任工作漫话》也非常受欢迎，在很长一段时间里成为中小学班主任的案头书。还有李季和贾高见的《小活动大德育》、万玮的《班主任兵法》、李希贵的《面向个体的教育》，孔祥渊的《班主任与德育工作》。这些书都写得非常精彩，不同群体阅读都有很大的收获。

还有一类书，就是一线班主任写的书。如笔者主编的《从新岗到功勋——班主任成长的点线面》，围绕 20 多个议题来为各个阶段的班主任解惑，出版后反响很大，很多老师都说解决了困惑很久的问题。除此之外，李镇西的《带班现场》、管建刚的《一线带班》、张玉石的《做班主任，真有意思》、郑学志的《班级管理 60 问》，这几本书也非常精彩。

第二类：心理学书籍

心理学有很多经典书籍。其实如果有时间又能啃得动，首先推荐戴维·迈尔斯的《社会心理学》。这本书被美国 700 多所大学或学院的心理系所采用，是心理学领域的主导教材，并成为评价其他教材的标准。理查德·格里格的《心理学与生活》是在美国许多大学里推广使用的经典教材，被 ETS 推荐为 GRE 心理学专项考试的主要参考用书，被许多国家大学的"普通心理学"课程选用的教材。《津巴多普通心理学》已经出版到第 8 版了，依然在热销。《发展心理学》《普通心理学》《变态心理学》这些作为心理学专业的必修课，建议班主任都要读一读。

教材毕竟难啃，而以下这些书尽管略显晦涩，但夹杂了一些案例，具有一定的可读性。如阿德勒的《自卑与超越》，这本畅销了 90 多年的心理学经典名著，阿德勒讨论了我们为什么会自卑，自卑有什么影响，以及如何正确运用自卑的力量，帮你化自卑为动力，加速成长，持续前进。岸见一郎的《被讨厌的勇气》，从这本书里我们学会了要甄别是否属于自己的课题。别人的课题交给别人去处理，而自己的课题终究要面对。《萨提亚模式与自我成长》提出萨提亚模式的四大总目标：提升自我价值，为自己内在和外在负责，成为较好的抉择者，更加和谐一致。初读令人极其震撼，帮助读者重新树立新的个人价值，获得人生幸福感。《伯恩斯新情绪疗法》共三本书加起来上千页，帮助读者觉察自身情绪，转换自身认知，重塑自我内在的多种方法。

第三类：心灵成长类书籍

《有限与无限的游戏》被《纽约时报》誉为"改变人生观的哲学经典"，被彼得·圣吉称为"理解组织和人生的终极指南"，被赛斯·戈丁推崇为"必读的思维革命之作"。书中这几句话让我觉得受用终身："有限游戏在边界内玩，无限游戏玩的是边界。""人生最重要的不是赢得某个游戏，而是掌握让自己持续成长的思维模式"，这大概也是高手和普通人的差距所在。《心流：最优体验心理学》指出，当出现清晰的目标、即时反馈、挑战与能力匹配的时候，人类就会出现心流体验。心流不是鸡汤，而是让你保持专注高效，幸福感翻倍的科学。《原则》是一本如何在生活和工作中"成事"的书，这些原则包括保持头脑极度开放，用合适的工具把原则固化成文化，努力工作并且聪明地工作，因为个人价值取决于能创造多少增量而非抢占多少存量。

除此之外，还有《反脆弱》《认知天性》《联盟》《逆商》《原则》《爱、金钱和孩子》《贫穷的本质》《高效能家庭的七个习惯》《他人的力量》《高手》《智识分子》《自驱型成长》《非暴力沟通》《深度思考》《深度工作》《穷查理宝典》《思考，快与慢》《自私的基因》《跃迁》《拆掉篱笆的墙》《赢》《当下的力量》《冲突的力量》，这些书从管理思想到商业实战，从经济思想到投资经典，从哲学思维到世界史观，从乔布斯、巴菲特、查理·芒格、瑞·达里欧、杰克·韦尔奇、安迪·格鲁夫到基辛格、桑德尔、保罗·肯尼迪、霍布斯鲍姆，发现改变世界的人物与思想，记录超越时代的智慧与精神。为主流人群构建完整知识体系和认知框架，以应对大重构时代的风险与挑战。

第四类：文学传记类书籍

有句话说："文学作品的价值，在于它能否让读者在黑暗中看见光。"记得那年读完《平凡的世界》时，我还未脱下去田里收麦子的鞋——鞋帮上还沾着泥巴。《平凡的世界》告诉你冬天烧炕的煤要自己背，春天播种的籽要自己选。在苦难里长出来的希望，比鸡汤还实在；

那种认命不认输的活法，治愈你的内耗；真正的成熟，是看清生活后依然敢抬头。《你当像鸟飞往你的山》是一部新人首作，上市第一周即登上《纽约时报》畅销榜，全美销量破百万册，作者被《时代》周刊评为"年度影响力人物"。这本书讲的是愚昧的原生家庭对孩子的困扰，以及孩子如何挣脱原生家庭的限制，像一只鸟一样飞往自己的山。

除此之外，还有《人生海海》《瓦尔登湖》《当空气化为呼吸》《永不放弃——特朗普自述》《邓小平时代》《杰克韦尔奇自传》《林徽因传》《曾国藩的正面与侧面》《我的阿勒泰》《我与地坛》《北方的河》《百年孤独》等，这些书也都非常值得一读。莫言曾说"文学最大的用处是没有用处"，实际上，文学有四大作用。莫言认为，与科学技术相比，文学似乎没有直接的实用性，但正是这种"无用"，构成了文学的最大价值。他的这一观点强调了文学的非功利性，认为文学的价值不在于直接转化为生产力或物质成果，而在于其对人精神层面的影响。诚然，文学不像数学、物理、化学等应用科学那样可以直接转化为具体的物质成果或技术进步，但文学的价值在于其对人的心灵世界的影响，它可以丰富人的精神生活，激发想象力和创造力。

有人说：人工智能时代了，人类还需要阅读吗？在人工智能时代，阅读非但不过时，反而愈发重要。无论技术如何发展，哲学与艺术都是无法被替代的精神财富。AI再强大，其生成的文字依然缺乏情感共鸣。正如叶立文教授所言，阅读是"技术时代立人的重要抓手"。AI只是工具，而阅读赋予的思维深度与文化底蕴，才是人类不可替代的竞争力。

班主任的高级思维

　　我一路从区赛到国赛，从个人赛到团队赛，斩获了当时中职、中小学所有比赛的一等奖，因此当时被媒体称为"大满贯选手"。因为比赛出色，我也从一线班主任走向更大的舞台，负责区域班主任队伍建设工作。如今尘埃落定，复盘整个比赛以及比赛带来的成长，可谓涅槃重生！整个比赛过程重塑了思维方式，并为赛后的工作生活带来了颠覆性的影响。我将其提炼为十种思维：**竞赛思维、系统思维、金字塔思维、工具化思维、迭代思维、成长思维、连接思维、减法思维、合作思维和终局思维。**

一、竞赛思维

　　竞赛思维指的是倾尽全力包装个人和作品！ 当个人公开亮相时，气质如兰如菊，谈吐得体睿智，尽显涵养和气质；当作品出现在大众视野时，作品文采斐然、排版美观悦目、视频清晰流畅，体现作者深厚功底和素养；无论在什么样的场合出现，观众首先被美丽的外在和形式吸引，才有兴趣进一步了解思想内涵。因此，如果没有竞赛思维，恐怕在第一轮就被刷掉了。

　　竞赛思维在生活和工作中也极为重要，参加比赛固然要重视外表，但最容易被我们忽略的日常，也值得我们去打造好每一个细节。例如，学科组长安排你在下周的集体教研中发言，千万不要忽视这种机会，而要提前精心制作课件，撰写发言稿，并且打印一份发言要点分发给参会者。"机会往往隐藏在细节中"，从你亮相那一刻，周围就开始给你打分，竞赛思维能让别人一眼记住你。

二、系统思维

系统思维强调把着眼点放在全局上，注重整体效益和整体结果。班主任比赛中，四个赛项的设置本身就是一种系统思维：带班育人方略考察班主任顶层设计能力，主题班会设计考察班主任策划课程和活动的能力，情景处置考察班主任处理事件应变能力，育人故事则是考察班主任运用理念方法对学生进行思想工作的能力。每一个项目都有其考察的维度，都有其内在逻辑和规定动作，但四个项目互相补充为有机一体。

如果所带班级是一个学习基础差学习动力不强的"无人机"班级，那么带班育人方略就是如何通过三年学习让所有学生全方位成长；抽取的主题班会是生涯规划，那么就设计为去校企合作企业进行一天职业体验；情景处置是在学校品牌专业汇演前一天，班级的"无人机"作品被损坏，全班同学伤心落泪，此种情况如何处置；育人故事里，讲述一个叫小马的孩子，从痴迷拆卸无人机到最终走向职业机手的曲折过程。如此，四个作品就贯通一气，成为一个有机整体。

三、金字塔思维

金字塔思维指的是按照金字塔结构来组织内容，将其按照一定程序表达出来。这种思维可以使我们的表达更加细致、灵活、有组织、有条理。在班主任答辩中，这种思维尤为常见。例如，针对评委提问"你为什么要参加班主任能力大赛"这一问题，如何运用金字塔思维来表达呢？

结论先行：提出核心观点或问题，让我们的大脑能够聚焦中心，避免造成混乱，如"我想提升带班育人水平"。

以下统上：画出上下层结构，找到支撑上层观点的论据。第一，常规管理做得不到位；第二，育人能力有待提升；第三，教师成长需要加速；第四，班级氛围营造不够。

逻辑递进：信息的排列具有逻辑性，帮助形成整套流程图，更快抓住重点，形成结构框架。再从全面促进学生终身发展的角度出发，说这个问题，按照重要——次重要逻辑，我们可以排列为常规管理——班级氛围——育人能力——教师成长。

四、工具化思维

工具化思维就是运用工具进行思考和解决问题，并有效提升工作效率。班主任比赛项目多、任务重，一开始我使用项目清单。**项目清单**包括项目目标、负责人、截止日期、实施流程和关键节点等要素。后来我发现**甘特图**更好用，因为纵轴活动横轴时间的甘特图让整个项目进程完全可视化，在作品交付时间紧迫的情形下，四个项目同时开展，备赛团队分头推进进程，就能有条不紊稳步前进。优化每一个项目则使用**PDCA 循环**：计划——执行——检查——反馈。拍摄班会课《小米粒，大担当》时，活动环节多，需要准备的物资也多，利用这个工具实时反馈，能保证万无一失。情景处置和班级活动策划这两项都需要抽题。在较短的时间里如何答得完整清晰？利用**思维导图**将答题要点用关键词画出来，在每一个要点上用词汇拓展，就能快速厘清思路，清晰流畅地表达，并且不会遗漏要点。

五、迭代思维

"迭代"一词来自互联网圈，马化腾在媒体报道中说：小步，迭代，试错，快跑。**先做起来，小步试错，快速迭代，不断优化，最终达成目标——这就是迭代思维**。班主任能力大赛就是一个典型的迭代过程。每一次迭代都是一次更新，是一次飞跃，每一次更新迭代都能有更深入的理解和认知，使作品不断走向完美，而这就是比赛需要的。

我参赛的那一年，班级建设方案（后称"带班育人方略"）是新项目，全国没有任何人做过。一筹莫展之下，只能按照班级发展规划仿写一个。因此，我第一次在市赛中展示出来的班级建设方案，只是非常粗糙的一个文本。但当时有个意外的收获，赛场上我看到了其他参赛选手的作品，突然醍醐灌顶，灵感不断涌来。于是，我与团队通宵作战到凌晨四点，将班级建设方案改了一个全新版本。第二天比赛中，凭借这个新方案，顺利拿到省赛一等奖。如果此刻自满，认为作品再无改进空间，必然走不远。实际上，省赛结束后到国赛前，两个月的时间里，我的班级建设方案先后改了 37 稿。跟最初的版本相比，最终在国赛中展现出来的作品无论是逻辑线索、活动模块，还是情感起伏、语言措辞，都达到了较高的水平。

六、成长思维

成长思维能以乐观心态对待困难和挑战，并从中挖掘积极因素成为自身进步养料。当你接到参加比赛通知时，你怎么看待这件事？很多人都报着一种打工心态，认为这种糟事怎么会落到我头上？那些走到国赛一等奖、省赛一等奖的优秀班主任，他们坚定认为"谁比赛谁受益"。的确，比赛是使一个人快速成长的"加速器"，在最短的时间内逼着我们成为一个"皮毛专家"。因此，每一次接受挑战就是能力的提升，每一次克服困难就是意志的磨炼，每一次突破瓶颈就是视野的开拓。

我总共参加过七次比赛，没有一次比赛是顺利的。参加市赛时连班级建设方案课件都没有做，赛场上不断掩饰尴尬；拍摄班会时，学生不给力笑场 n 次，我不得不停下来对学生进行耐心引导；国赛前一天，逐字稿还在不停改动中，敲定后通读了 50 次就硬着头皮上场了。备赛整个过程，困难时时都能遇到，如果没有成长思维，稍有懈怠就会功亏一篑。无论什么岗位，成长永远是唯一的主题。因为不断成长，个人的视野愈加开阔，原来的烦恼不足为谈，越优秀越成长，越成长平台越大，选择越多人生越广阔。

七、连接思维

参赛班主任要时刻记住"三连接":与生活连接、与学生连接、与评委连接。换句话说,咱们就是要接地气,这就是连接思维。与生活连接,意味着作品内容来自班级日常管理,即"从实践中来";但同时也要"高于实践",班主任对问题有准确的判断、清晰的解决思路,让人一听就知道对实践带班有没有实效,这就是"与生活连接"。班主任在了解学生、理解学生的基础上,对学生的成长问题形成一套卓有成效的管理方法,全面促进学生人格发展和优秀品质的形成,这就是"与学生连接"。只要做到前两步,就能与评委连接。评委就知道站在台上的是在一线岗位上摸爬滚打、实战经验丰富的班主任。

40岁参赛的我,每次站在赛台上,都不仅仅是代表我自己,更是代表千千万万班主任,在展现带班过程中的困惑和瓶颈。因此我想表达的观点就是他们想表达的,我与班主任这个群体产生了深深的连接。我也把我的参赛视频发给学生和家长看,通过这样的方式,向学生和家长展示我带班育人的理念和方法,其实也是在与学生和家长进行连接。

八、减法思维

减法思维就是集中精力,专注于最重要的事情,为此而减去一切干扰你的因素。苹果公司创始人乔布斯说:"对多余的东西做减法,追求最小限度的本质。"参加班主任能力比赛,不是一件容易事,因此你需要集中精力,全神贯注在比赛上。

如何执行减法思维呢?从比赛外围讲,减去物质、减去人际、减去情绪。具体来说,找一个安静的环境作为备赛阵地,关掉朋友圈,减少不相干人事的干扰,这就是减去物质和人际。对于在赛场上可能遇到的对手、可能抽到的题目、可能出现的比赛结果都不作任何猜测和臆想,全身心投入备赛当下,这就是减去情绪。

从比赛项目讲，我们必然顾及不到所有的方面，不如聚焦重点、集中精力击破一处。比赛四个项目中，班会是老项目，不容易有新意，因此可以开展班级活动；育人故事占比少，几乎一个晚上就搞定了；班级建设方案占比最大，又是新项目，备赛精力绝大部分花费在此上。初赛通过后，决赛的班级建设方案变为实施效果汇报，汇报的技巧和呈现方法便显得更加重要。于是果断花钱让公司制作课件，而我集中精力撰写逐字稿，因为语言是我的个人长项，我知道如何交错使用长短句来体现语言节奏，如何抑扬顿挫来表达内容重点，如何在理性的文体中嵌入感性故事，如何用面部表情来表达情感起伏，如何间歇设置小亮点给评委制造惊喜。经过两天两夜咖啡馆十几杯咖啡的研磨后，我一气呵成，挥就了最为满意的汇报稿。减法思维，抛却一切不重要的方面，打造最优秀的作品。

九、合作思维

合作思维就是以共情能力为基础，找准对方的核心需求，通过资源共享、关系共建共同谋求各方发展，追求双赢结局。如果一个人有合作思维，其实是间接承认自己有局限，体会到除了自己的意志之外，还有更高的、难以违抗的东西。学会与他人合作，营造一种互助氛围，实现共同成长。

班主任比赛是个人赛，但更要学会跟同事合作。从文件下发到上场比赛，通常只有几个月时间。参赛者准备四个项目，单靠一个人是远远无法完成的。因此我们要积极主动寻求支持系统，与有意愿参赛的同事结成备赛团队。今年同事帮忙做些协助性工作，同时也让她们跟着体验整个备赛过程；明年同事 A 参赛，你就是他的教练，指导具体的备赛细节；后年同事 B 参赛，你和同事 A 就是教练，同时再纳入新同事 C 以备下一年参赛。如此，学校培养参赛梯队也就形成了。

班主任比赛也要跟竞争对手合作，这往往是最难的。2020 年，班级活动策划和模拟情景处置共 70 道题目于国赛前两周才下发到参赛者手上。短短两周时间，如何才能全盘筹备好这 70 道题？靠个人一道一道设计，时间来不及，而且质量不能保证。当时我们广东省参加国赛的 8 个人，迅速分工合作，每人负责一部分题目，集中精力打磨好，最终把所有的题目汇总一起，形成题目库供大家使用。个人如在比赛中抽到某题，就在原方案基础上进行适当改动。这次合作解决了每一位参赛者的燃眉之急，并且捧回了五个国赛一等奖的好成绩，最终实现全员共赢。

十、终局思维

终局思维是在做事过程中，时常思考最终要达成的结果，然后"以终为始"出发，站在未来看现在，修正自己当下正在做的事情。终局思维是一种预知未来的能力，意味着要认真体会比赛的意义。比赛本身以及比赛结果都不是终点，恰恰相反，它是下一阶段的起点。往后三年的工作状态如何，跟这个比赛有极其重要的关系。

比赛的终极意义是什么？在我看来，比赛就是解决实际问题的，通过参加比赛，学习带班育人之道。因此，比赛结果不再重要，重要的是经过这个过程，在短时间内成为一个"皮毛专家"，然后全情投身到班级责任田去，把比赛学到的理念方法进行落地实践。也有人说，我不参加比赛，通过在实践中不断积累经验，也有可能成为班主任专家。诚然，我们从来不会否认"实践出真知"，但是，比赛成为了班主任成长的"加速器"，让班主任能在短时间内"跃迁"到更高的专业水平，这是毋庸置疑的。

于我个人而言，比赛给我带来了一些荣誉，这固然是对我的肯定，但我也深知，荣誉是附带品，真正让我受益无穷的则是这些思维方式，它们让我彻底涅槃重生，看待工作和生活有了完全不一样的视角。正如稻盛和夫所说："思维方式里，蕴含着让每一个人的人生，都发生 180 度转变的巨大力量"。此生，我更加坚决地要走一条为班主任代言、赋能班主任之路。这个终局才是比赛的目的。

班主任常用教育金句

1. 从教知识到育全人，从育分到育人。

　　　　——新时代中国基础教育改革核心理念（新课标背景）

2. 让学习真实发生。

　　　　——指向深度学习的课堂实践口号（近年中小学教研高频词）

3. 不是选择人，而是发展人。

　　　　——回应"内卷"的教育公平倡导（中国教育改革方向）

4. 双减，减的是负担，增的是质量。

　　　　——2021年"双减"政策落地后的教师共识

5. 课堂不是教师的秀场，而是学生的成长场。

　　　　——新课改后教师培训高频金句

6. 用问题点燃思维，而不是用答案终结思考。

　　　　——批判性思维培养的课堂实践原则（近年教研热点）

7. 核心素养不是教出来的，是"活"出来的。

　　　　——中国学生发展核心素养（2016年）落地实践中的教师感悟

8. 教育是慢的艺术，别用百米冲刺的心态跑马拉松。

　　　　——针对教育焦虑的教师反思（家庭教育/学校教育共勉）

9. 教育的目标不是培养"标准答案"，而是培养"终身提问者"。

　　　　——21世纪技能框架下的全球教育共识（OECD等倡导）

10. 失败不是终点，而是数据点。

　　　　——STEM教育及项目式学习（PBL）中的创新鼓励语

11. 你不需要完美，只需要成长。

　　　　——成长型思维推广中的教师常用语

12. 每个孩子都是一台独特的处理器，别用同一套程序运行。

——个性化教育 / 多元智能理论在课堂的通俗表达

13. 学习在窗外，他人即老师，世界即教材（同样的表达有"学习就是天地，山海皆为课堂"）。

——未来学校理念（如北京探月学院等创新学校实践）

14. 用"为什么"撬动好奇心，用"怎么做"培养行动力。

——探究式学习方法论

15. 别让作业成为师生关系的裂缝，让对话填补知识的鸿沟。

——双减后教师对作业设计的反思

16. 你刷题的速度，赶不上命题人创新的角度。

——呼吁跳出题海战术，培养底层能力（中高考改革背景下）

17. 教育不是把篮子装满，而是把灯点亮；但考试要求你既装篮子又点灯。

——教师对理想与现实的幽默自嘲

18. 手机可以暂时没收，但学习的自驱力必须自己"充值"。

——数字化时代教师对自主管理的提醒

19. 别用昨天的知识，教今天的学生，应对明天的挑战。

——教师终身学习理念的通俗表达

20. 教育是师生互相成全。你成就我的职业幸福，我守护你的人生可能。

——年轻教师社交媒体上的高赞感悟

21. 教育的最大秘密是尊重学生。

22. 要改变孩子，先改变自己。

23. 树木最好的种植时间是二十年前，其次就是现在。

24. 教育是一场没有终点的马拉松，教师的使命不是让学生跑得最快，而是让他们跑得最远；不是让他们赢得一时的掌声，而是让他们拥有终身奔跑的能力。

25. 数字化时代，教育的形式在变，但教育的本质不变——我们依然需要用爱连接心灵，用智慧启迪思维，用行动引领成长。

26. 教育是一场双向奔赴的旅程，教师用耐心和智慧铺路，学生用热情和成长回应，最终我们共同抵达的，不仅是知识的彼岸，更是生命的丰盈。

27. 每个孩子都是一颗独特的种子，有的开花早，有的结果晚，有的长成参天大树，有的绽放绚丽的花朵。教育的意义，不是让他们整齐划一，而是让他们在自己的节奏里，长成最好的模样。

28. 我们不能用同一把尺子衡量所有的孩子，因为教育的本质不是制造标准件，而是让每个孩子都能找到属于自己的光芒，走出属于自己的路。

29. 学生的成长就像一条河流，有时湍急，有时平缓，有时甚至看似停滞，但只要我们给予足够的信任和耐心，他们终将找到属于自己的大海。

30. 课堂不是教师的独角戏，而是师生共同编织的成长故事。教师的角色，不是舞台上的主角，而是幕后的导演，帮助学生成为自己人生的主角。

31. 一节班会课不仅仅是一节课，更是一种生活方式的引导。

32. 根据班会近一点、小一点、新一点的设计原则，我将……

33. 科学教育不是灌输答案，而是点燃追问的星火。

——强调培养质疑与探索精神

34. 实验台上的失败，远比课本上的完美公式更有价值。

——突出实践与试错的重要性

35. 好奇心是科学的种子，教育就是为它浇灌自由的土壤。

——呼吁保护学生的原始求知欲

36. 科学教育的目标，不是制造"行走的百科全书"，而是培养"问题的掘金者"。

——批判填鸭式教育，倡导问题导向学习

37. 教会孩子用望远镜看宇宙，也要用显微镜看尘埃——科学在宏大与精微之间架桥。

——体现科学思维的多元视角

38. 公式背后的逻辑，远比公式本身更重要；现象背后的追问，远比现象本身更深刻。

——揭示科学教育的本质是思维训练

39. 不要让学生背诵"光速是每秒30万公里"，而是带他们追问"人类如何丈量光的速度"。

——从结论记忆转向过程探究

40. 科学教育若剥离了人文关怀，便是失去了温度的机器。

——强调科学与人文的融合

41. 一堂好的科学课，应当让学生走出教室时，眼里有光、心中有问、手中有工具。

——定义科学教育的三重境界

42. 今日课堂上的"异想天开"，或许就是明日改变世界的"理所当然"。

——鼓励创新与突破常规

43. 批判性思维与创新力是人工智能时代的"免疫基因"。它们让学生不被算法定义，而是定义算法。

44. 未来的学生不是"答案复刻机"，而是"问题勘探者"。能向未知发问，才是人类最后的护城河。

45. 我们要时时鼓励孩子：你就是上帝最优秀的作品！要向这个世界微笑，要抬头挺胸。勇敢向这个世界展示自己的美好，就是一种自我的完成。

46. 我坚定地相信教育是发现、创造、享受幸福的一种艺术，我始终把建设学生丰富多彩的青春生活放在第一位，并把教育孕育幸福的理念较为完整地贯彻在日常管理中。

47. 教育永远在追求和谐：宽严的结合、刚柔的相济、科学艺术的融合、道德与法律的携手……只有诸多教育因素自然地水乳交融时，教育才会呈现天人合一的美好状态。

48. 我们真的有许多无能为力的时候。但是我们有能力做到：当孩子们终究穿越了成长的阴霾，当他们终于有一天能够客观地审视自己曾经的荒唐时，对我们，他们不恨，甚至感激。

49. 我们教师要无条件尊重孩子，有选择地发展兴趣。

50. 有教无类是大爱，因材施教是智慧。

班主任必会文件

1.《中华人民共和国家庭教育促进法》

2. 中共中央办公厅《关于培育和践行社会主义核心价值观的意见》

3. 中共中央、国务院《关于全面加强新时代大中小学劳动教育的意见》

4. 教育部等十三部门联合印发《关于健全学校家庭社会协同育人机制的意见》

5. 教育部等十七部门联合印发《全面加强和改进新时代学生心理健康工作专项行动计划（2023—2025 年）》

6. 教育部《新时代中小学教师职业行为十项准则》

7. 教育部《中小学德育工作指南》

8. 教育部《中小学班主任工作规定》

9. 教育部《大中小学劳动教育指导纲要（试行）》

10. 教育部《中小学教育惩戒规则（试行）》

11. 教育部办公厅《关于加强和改进新时代中等职业学校德育工作的意见》

12. 教育部《中等职业学校德育大纲（2014 年修订）》

13. 教育部办公厅《关于开展大中小学思政课一体化共同体建设的通知》

14. 教育部等十七部门联合印发《家校社协同育人"教联体"工作方案》

15. 教育部等十八部门联合印发《关于加强新时代中小学科学教育工作的意见》

16. 教育部《关于全面实施学校美育浸润行动的通知》

17.《中共中央　国务院关于弘扬教育家精神加强新时代高素质专业化教师队伍建设的意见》

18. 教育部办公厅《关于加强中小学人工智能教育的通知》

后记

山不过来，我过去——我的生命之歌

2021年夏天，我被畅销书《你当像鸟飞往你的山》深深感动着。

这是一位贫穷女孩的成长励志故事。家住在美国巴克峰山脚下的塔拉，有一个极不正常的家庭：父亲偏执狂躁，患有精神分裂症，靠收集废料垃圾度日，母亲怯懦胆小，是当地的助产士和草药师，家里一共7个孩子。在异常艰苦的家庭环境下，塔拉用自己的勤奋和努力，考取了剑桥大学哲学硕士学位、哈佛大学历史博士学位，她的两位哥哥泰勒和理查德也成为博士。

废料场的7个孩子，3个成为美国名校博士，还有4个留在父母身边生活，依附着父母。是什么让他们之间有了天堑鸿沟？是教育！是什么让塔拉不断奋力挣脱原生家庭的束缚、奔向广阔天地？也是教育。原英文版书名 educated 就是"受教育"之意，翻译成中文"你当像鸟飞往你的山"，更加生动形象。我们每个人，都应该像鸟，奋力飞向属于自己的那座山。

读塔拉，我的确难过。塔拉的心路历程，也是我的心路历程！一样蜷缩爬行、历经折磨的痛苦童年，一样看见了教育那束光后，一路高歌一路北上求学。如今人生总算尘埃落定，又多次返回家乡，重新审视少年时出发的地方，也如塔拉，一样流连忘返，唏嘘不已。

一、第一个十年——摆脱牢笼，摆脱束缚

我的家乡在北方农村，山清水秀，春种秋收，人们虽然贫穷却善良淳朴。童年这张画布上，本该是绚丽多彩的，然而，我的童年画布从未闪亮过。

父母经常吵架，母亲无法忍受便常常出走，只剩爷爷、奶奶和我，得了热疹的我，脸上一片一片的，每天站在街口，等待母亲归来。母亲不回来，父亲也不回来，我是一个有父有母的孤儿，那时大概5岁。

塔拉的童年一直在干活，而我也不例外。我想起来，我从来没有过暑假。每次从学校放假回家，紧锁的大门上，父亲的笔迹赫然写着"去南河葱头地"。从此，整个暑假我跟父母、弟弟一直在田地里干活。半夜两点起来到十几里外的南河种镇菜市场卖菜，驴车晃晃荡荡走几个小时，往往也卖不了什么好价钱，紧巴巴的日子常常愁得难以入眠：因为我总是班里最后一个交学费。童年的穷苦也许是一生的财富，我在极度的穷苦中从未放弃寻找生活的光亮。

回忆里，奶奶给过温暖，母亲给过痛惜，依然历历在目。但是父亲被生活压垮的脊背，弟弟被病痛折磨的躯体，劳作的疲乏，经济的穷苦，常常让我急切想长大。塔拉曾经的挣扎，也是我的挣扎。曾几何时，我也想象自己是一只鸟，以一种优雅的姿态离开家，飞往我想去的地方。

二、第二个十年——一路高歌，一路向北

我要永远感谢我的母亲，还有那有着卓越见识的姥姥、姥爷。

当我急切想离开这个家时，我把所有的希望都寄托在读书上。七八岁每天放牧牲口时，我一边拽着驴缰绳，一边捧着书读。一个上午，驴吃饱了，我也把书背得七七八八了。再长大一点，父亲不准我放驴了，我改做一些复杂的活儿，摘豆角、拔草，不能一边干活一边读书了。于

是每晚顶着星光回家后，我就写作业、刷题，一直到十一二点。

　　岁月如水，缓缓逝去。从六七岁到二十多岁，我的假期在田野里，但是我的希望在书本里。从小学一年级开始，班主任赵美枝老师就对父亲说："这是个好苗子，好好培养吧。"小学，我一直都是班级的第一名。父亲听了撇撇嘴说："不过是矮子里面显将军，能有多优秀？！"长大以后我才明白，这不过是父亲善意的伎俩，他不想让我骄娇。

　　1994年，姥姥、姥爷离开乡村，搬到了县城。姥爷骑着自行车，跑了25里到我家，看着我皮肤黝黑，双手粗糙，他问我："想不想离开庄稼地，去更好的地方？"我含着泪点点头："想！"于是，姥爷与我父母商量：让我去县城二中读书，那里有教数学的大姨。我的姥姥没有文化，姥爷是高小毕业，只是在长期金融系统中所见所闻，他意识到要想家族长盛不衰，就必须重点培养后代。当时只是一个决定，如今，30多年过去了。当我站在不惑之年的人生关口，再次回首当年姥爷的那趟特意之旅，心中百感交集。这是多么智慧多么英明的决定。姥爷就像老天爷派来拯救我们家的天使，他轻轻掀开外面世界的帘子，我这一瞥，便毅然昂首阔步走出去，终生不再回头。

　　在县城读书的三年，我像干旱已久的麦苗，铆足了劲地努力，从刚去的中等生，一跃到班级第一，再跃到年级排名前十。姥姥、姥爷为他们这一"创意"决定，暗自欣喜。我寄宿在姥姥家，抓紧每分每秒疯狂地学习。

　　1996年初中毕业，我考上了县城一中，也是县城里唯一的一所高中。父亲说，上高中还要花钱，最好是上中师，这样三年后就可以出来挣钱了。当时家里经济紧张，奶奶年迈，弟弟多病，我深知家里的情况，只好听从父亲的建议，又回初中复读一年，打算第二年考中师。1997年，我以本县539分的高分考取师范学校，其中英语、数学、化学三门满分。

　　如果说从乡村到县城，是我走向大千世界的第一步。那么从县城到中师，是我继续向前迈出的第二步。

然而，中师生活却让我失望。各个县城高分考进的优等生，在一个学风不好的学校里，变成了躺平的颓废一代。语数外上的是高中课本，老师讲得杂乱我们听得糊涂；音乐、美术和体育这些中师里的主课，大课上不讲什么东西，都靠小课补足，然而小课是要跟学生收费的；我的那帮最优秀的同学们，在最美好的十七八岁的年华里，打牌、逛街、嬉闹、谈恋爱，成为生活的主旋律。

我也逐渐成为他们中的一员。然而，我很快意识到这种生活对灵魂的腐蚀。每当深夜，当初没有上大学的病症就会犯发，一个声音在耳边不断回响：大学！大学！！大学！！！于是，思考再三以后，我决定重振旗鼓、重新出发，考本省师范大学中文系。我借了高中所有的课本，与同班两位同学，用两盒烟买通了教学楼里的看门大爷，在别人回宿舍午休时，我们三个在教室里用功学习，将这三年的亏空全部补齐。生活为了磨炼人的意志，总是出一道又一道的考题。每年，省师大只给每所中师学校三个大学名额（语数外各 1 个），狼多肉少。但是，无论谁来劝我放弃，我都摇头，一口回绝。我递交的报考申请书，也被撤销。我在绝望中敲开了校长的门，告诉他我想上大学。校长点点头，沉吟很久说了一句：考取大学是每个孩子的权利。然后让我重写一份。那年，我 19 岁。

你的努力，你向生活从不妥协的态度，一定会感动灵性万物。2000年是全国大学扩招的第二年，那年省师大给了我们中师 6 个名额，我也是趁着这股东风搭上了大学这趟列车。2000 年夏天，我在田地里干得昏天黑地，完全不再想考大学这件事情。因为考试之前是自己的事情，而考完之后，那就不是自己的课题了。

我还清楚地记得 7 月的一天，我遇到了上中师的同乡，她很开心地向我祝贺，我完全懵了。她略带惊诧地告诉我说，全校都沸腾了，你考上了省师大，这实在让所有人都兴奋。这种兴奋我理解，从中师到大学这条通道只是少数人的游戏。而我，作为一介草根，通过自己不懈的努力，赫然出现在名单里，这给成百上千的学弟学妹们带来了崭新的希望。这些最优秀的孩子，大部分都是因为经济困难才不得不走进中师，放弃大学梦的。如今，这条通道向他们展示了晋级的可能性，所以，全校为之沸腾毫不夸张。

2000 年 9 月，当我坐在省师大的教室里，感受大学校园带给我别样的体验时，我还常常恍惚：这一切都是真的吗？！当年跟我初中的同班同学，因高考不甚理想，也考到了省师大，在老乡会上，我俩促膝畅谈，一个沮丧挫败，一个欣喜若狂。这前半生啊，别的路都没那么难走，然而，从中师到大学这条路，我走得极其艰难，我第一次觉得自己还可以。对于普通高中生，师大不是理想的，然而对于一个中师生，师大就是天堂。你要知道，在我离开的那所中师里，有多少人在羡慕我？！与我一起备考的战友李同学，因落榜而情绪崩溃，至今未婚；另一位贺同学则去北京另谋生路。三人曾经并肩作战，到此人生分岔口，各奔东西，各自撰写不再一样的人生剧本。

一进大学便傻了眼：因为我的高中知识是巨大缺口。我的中师，是荒废了的三年。没读过四大名著，会背的古诗文寥寥无几，尤其英语，一句话都听不懂，当老师的眼神掠过我时，我慌作一团。我必须比别人更加努力，才能跟得上大学的脚步。于是，从此不再有午休、闲暇，宿舍里的电视我从来不看。只要有时间，我就找地方上自习，把缺口尽量补上。慢慢地，各方面都跟上来了。

平淡的日子已被遗忘，只有那些最难、最能激发人斗志的日子在生命里划出深深的痕迹。2004 年大学毕业，我没有考上研究生，只好去找工作，最终在一所地级市中学当高中语文老师，然而，我却并没有满足。我想走出本省，去外面更大的世界看看。于是我在极其繁忙的工作间隙中，撰写复习计划、认真苦读研究生考试书目，在寒冷的 11 月去省会听政治讲座，那时，我在办公室里，把座位调到了窗户边，备课本下永远夹着一本考研书籍。可以不吃饭，可以不睡觉，但是人生不能没有目标，生活不能没有斗志。这一次，生活没有亏待我，2005年我考取了中国最好的师范院校——北京师范大学。当我收拾行李，离开那所城市时，那是个淅淅沥沥的雨天。大学同学连同学和周同学来送我，她们拉着我的手，说：没有一个地方能留得住你，你的心属于世界。挥别同学，挥别家乡。一路向北，一路高歌。

三、第三个十年——继续向上，继续破壁

当我站在北师大的标志建筑物——木铎钟声下时，看着学校厚重沉朴的大楼，听着老师们纯正的京腔。九月的校园，银杏树开得瓢泼热辣，秋天的校园真美，秋天的北京真美！然而，我已经24岁了。我深知24岁来北京，既是人生的升华，却也是对前24年人生的冲击。一切都不一样，一切都不一样得理所当然！我得重新组装自己，加速适应这里，让我的生活再次按上发动机，向前不断冲去。我的同学们，40多名来自全国各地最优秀的大学毕业生，10多位各个国家学习汉语的优秀人才，聚集在这里，展现出他们独特的一面。我既感到压力又觉得无比兴奋，只要是向上的积极的推动人前进的，我就兴奋，我知道环境是自己蜕变的重要因素。所以，我认真学专业、利用休闲时间去中央电教馆兼职学习最新技能、辅导留学生学汉语赚外快，我的眼界打开了，我觉得可以去外面看到更多。

研究生二年级，我与魏先生结婚，并在日本东京度过一段非常快乐的日子。那时，我经常坐车从早稻田大学门口路过，看到日本青年在电车里看漫画书，坐过一站又一站。异国风情让我迷恋，2009年离开日本时，还写了一首蹩脚的诗歌来表达当时的心情。

我以前写过一首诗，大概意思就是，从走出家门到工作的这些年，我攀爬过木塔，走过马邑路，喝过汾河水，听过京韵大鼓，看过樱花烂漫，吃过广式早茶，最后来到一个富有开创精神、容纳胸怀的城市。你

看，我这前20年生活过的城市，走过的路，看过的风景，结交过的人，都成为我生命底色重要的组成部分。

然而，生活永远都不会一劳永逸。新的起点让人期待，也会产生更多令人困惑的问题。性格中一些固有特质，从前可以助力成功，但到一定时候，也可以成为喉咙里的鱼刺。我们每个人都有成功路径依赖，前40年用一个姿态生活，现在未必就合适，因此，人要柔软下来。

这些年，每年都会回家乡去看看。去年回家，老房子已经变卖，新房子也已荒芜，整个乡村都弥漫着一种萧瑟气息；二中的门不知道更换到什么方向了，转了几圈也没找到，原来的平房被高楼代替，想进去的欲望顿时了无；偶尔在街上看见一两个相熟面孔，也擦肩走过，他们不知道我是谁，我也忘记了他们的名字，但他们一定在我原来的生活里以各种名义出现过；姥姥、姥爷已经是耄耋老人，行动不便，交流困难，他们原来高大的形象，在我眼里却如此矮小；读书的城市我从没有想再去看看，因为我知道，我已经不属于那里。

《你当像鸟飞往你的山》，塔拉与父母决裂，不再回到家乡。但是我仍然想回去看看，看看我曾经出发的地方，我站在家乡的院子里，看见几十年前那个与父母一起耕作、一起承担生活重负、对未来迷茫又绝望的小女孩，她那样瘦小，却又充满了能量。她用细细的脚步丈量天涯海角，她用冷静犀利洞察大千世界，她的小小心里，藏着大大的梦，她就是不屈服生活的安排，要重新撰写人生剧本！几十年过去，她成了我。我的头发抑制不住地长白发，皱纹一年年添加，我俨然成为了一个中年人。但是，那个女孩——她，并没有消失，她藏在我身体的某个地方，鼓励我不断面对生活的新挑战，直面人生的新课题。

山不过来，我过去！向塔拉学习，用毕生精力，寻求所热爱的，一直往前走，不回头。生活还在继续演绎。

四、第四个十年——肆然成长，肆然绽放

2015 年到 2024 年这十年，我从东莞来到深圳，从乡镇跨越城市，从职业教育变道为基础教育，我从"小张"变成"老张"，我的工作环境发生了翻天覆地的巨变；这十年，我女儿从襁褓中醒来，长成了亭亭玉立的大姑娘，儿子平稳渡过青春期，即将走上另一段人生新征程；这十年，我年轻的父母，已经身形佝偻、满头白发；这十年，我搬家四次，从西丽到前海，从南头到蛇口；这十年，我试图勾画这变化轮廓，看看个体是如何在时代洪流中颠簸沉浮的。

2015 年，东莞工作的第六个年头。彼时儿子已经 6 岁，马上面临上小学。在那个边陲小镇长久的生活，我已经极其厌恶，且懊悔当初为什么选择这里。既然想走，就要下决心马上走。于是开始着手准备报考深圳的公招，开始到处看房打算买房。心里只有一个信念——我一定要来深圳！买房容易还贷难，原本不够宽裕的经济雪上加霜，一笔不菲的贷款将家庭拖入更加无望的深渊；那一年深圳没有发布招考公告，我从年头等到年尾，却什么也没有等到。2015 那一年，我 34 岁。给个主题词叫"启程"。

2016 年，感觉运气好了一些。暑假某日上网，刷到刚刚结束教师公招考试的信息，急出一身冷汗。辗转打听到一个熟人，说某职校刚考完，已经招够了。悔恨、沮丧、无助，各种复杂的情感汹涌而来，我居然错过了这么重要的信息！于是，重振旗鼓开始复习教材，每天网站上刷信息。11 月份公告出来，12 月份笔试、资格审核、面试、公示，一口气过关——我终于正式成为一名深圳教师！2016 的主题词叫"突破"。

2017 年过完春节，我去新单位报到。行车在茶光大道，路旁的黄花风铃木开得泼泼洒洒，在春风里唱响生命的赞歌；周末登塘朗山，看到红日高升、光芒万丈，顿觉天地宽阔苍茫，万物竞相生长。那时，在我的朋友圈里，写下了很多的小诗作和散文。近日听古典说"要过一种诗

意的生活"，这是一种高屋建瓴的境界，诗意的生活需要经济和实力托底，温饱线上为生计而苦的牛马们，他们只能在自己不大的方寸里挣扎沉浮，因此杜甫说"文章憎命达，魑魅喜人过"，对此我一直持怀疑态度。人在困顿迷茫的时候，哪里还有诗意？能歇一口气证明自己活着就行。

去了新单位就是新人，领导绞尽脑汁思考哪个空缺让你来补。2017~2019 年那三年，先后担任两个班的班主任、三届高三毕业班的语文课。后来，我听说一般高三只能连带两届，原因是连续带高三担心老师会猝死。我一口气带了三届高三。那时，每天下晚自习都已经十点多，我经由北环大道，看万家灯火一片辉煌，心中升腾起一种自豪感——这个城市的发展，有我的一分子！一开始不会做高考题，我就每日凌晨五点起来备课，期望课堂上学生望向我的眼神里少一些失望，多一些惊喜。我踏实地干活、踏实地奉献、踏实地体验深圳教育生活，踏实地享受家人在一起的每一个清晨与黄昏。2017~2018 年那两年的主题词，叫"耕耘"吧。

2019 年春寒料峭，发生了三件事：我被调入德育处开始干行政，我的父母去给弟弟带孩子，我女儿上一年级。那一年，我感到身上担子骤然加重。被母亲溺爱的我，"十指不沾阳春水"，面对家务手足无措；三年级的儿子习惯还没有建立好，女儿的一年级就来了，不仅脑子笨性格还倔强，三句不对就要干仗，要么是我打她哭，要么是我哭她笑，家里天天鸡飞狗跳，我第一次觉得人为什么要养孩子，为什么要承担父母的职责，第一次真正地怀疑普通人结婚生子这种生活模式的意义何在，我第一次从心底里羡慕那些选择单身选择丁克的人，他们是多么有先见之明。家庭和工作像王屋、太行两座大山一样，压得我喘不过气来。最疼爱我的母亲虽然离我不远，但我不能去找她，她有她的新任务。那一年的寒春我以为不会太久，很快就能万物明媚百花盛开，但那一年的寒冬我却一直没有走出来。我看着高楼觉得它会倒塌，我听着别人说话觉得他们很傻，我牵着小狗皮多，去到很远的马路却不想回家，我根本想不起我家还有两个等着吃饭的娃娃。那时我动辄痛哭流涕，我觉得纵然肖邦，也弹不出我的悲伤。好吧，那一年的主题词就是"悲伤"。

人生总有峰回路转，总有柳暗花明。如果你没有见识过高山，怎能看到鹰的勇猛？如果你没有踏入过溪流，怎能体会鱼的自由？如果你没有经历生活的至暗，怎能省察至爱给你的包容和温柔？如果你没有曾经想彻底让自己的灵魂沉沦，怎能通过日常挖掘出勃发向上的生命力量？

2020年我接到了校长给的任务：参加班主任比赛。这是一场堪称救赎的任务。从3月开始备赛，6月参加区赛，10月市赛和省赛，11月另一场市赛，12月国赛，第二年10月参加团队赛和最美评选。阅读德育书籍、做笔记、背诵政策文件、模拟答辩、拍摄班会、改稿做课件……我把孩子送到晚托班，我把自己关在图书馆。我忘记了时间的流逝，忘记了周遭的一切。我借着比赛在这方寸天地里，进行着一场与自我灵魂的对话。那年，我参加比赛获得本区初中组第一名，第八届市赛第一名，中职省赛一等奖，中职国赛一等奖，第八届省级团队赛第一名，中职市赛二等奖，还有市级最美班主任第一名，省级最美班主任第一名……感激我的老领导，在我最沉沦无助的时候，让这场比赛彻底救赎了我。我领奖领到手软的时候，明白了一件事儿——我还行！2020年，我的"救赎"年。

2021年，那年也挺开心。比赛给我自信，阴霾一扫而光。从前很多不开心的事情似乎也没那么糟糕。不会做家务，就从外面请阿姨做，无非就是花点钱；对孩子降低期待，你鸡不动他，你还鸡不动自己吗？我现在特别感谢自己的豁达和敞亮，我有我的规划。我的规划里，藏着我的大好前程，我的规划里，是经过我深思熟虑适合我的东西。那一年，我一直在思考。我究竟要什么？我第一次真正对班主任专业发展产生了兴趣，于是我主动申请带了一个班，在这个班级里落实我学到的理论知识。我就想看看，带班到底是不是那回事。我想看看其他地方，于是我去了河南、内蒙古和江西，看看他们的班主任比赛到底怎么搞。那一年，我加大了阅读量。读《当鸟飞往你的山》，引起我强烈的共鸣。我一直笃信，每个人都是带着使命来到这世上；无论如何，我要完成我的使命才能不枉这一世。山过来，我喜笑颜开；山不过来，我便过去。当人生进入 40 岁的时候，要达到"事事不惑"很难，但我们可以在一些重要的事情上想清楚自己究竟想要什么。我想舍弃一些东西，一些从前我看重的东西，一些别人强加给我的东西，我要主动去选择一些东西。我的单位因我拿奖名声又一次大噪，越来越多的人知道学校的名字。尽管我们的缘分不够深厚，但在我与它交集的岁月中，因我们彼此相互成就的那一段，我依然心存感恩。感恩推我进入神坛的校长，感恩支持我的那支团队，感恩指导我的导师们。2021 年，我想是"觉醒"吧。

岁月只有拉长了去看，你才知道这些琐碎于你整个漫长的人生，究竟意味着什么。2022 年还没放假，我被借调到教育局，负责班主任队伍建设工作。工作都是新的，都有一定的挑战性。我在这个崭新的领域里，好奇地吸收着、学习着。那一年过得很快，加了很多班，写了很多文，给自己写，给领导写，也给一些不相干的人写。我一直觉得自己有个非常重要的优点，就是很少拒绝活儿。好干的活儿，有正反馈有成就感；不好干的活儿，需要研究、思考、创新，这个过程让人兴奋又刺激。人的能力就这样，在一件又一件的事情上，不断推进提升。后来见过很多人，5 分能力就想挑起 10 分担子。能力不够实在是这世上多样痛苦中最深重的一种，自己毫无底气，还连累别人苦不堪言。这也是非常奇妙的一年，我发现世上的物种多种多样。就像小学课本里的寓言故事，有笨拙劳苦的乌鸦，就有狡猾老道的狐狸，有自恋清高的孔雀，就有卑劣龌龊的老鼠。生活本身比寓言故事更丰富更多彩。哦，世界，原来你是这样的！这一年，我大大开了眼界，叫"开眼"吧。

林语堂的《苏东坡传》写得很好，东坡之所以是"千年网红"，是他在艰难中的豁达、在困顿中的乐观以及在被诋毁中依然昂扬的精神。历史没有新意，千秋万代不过就是那几件事情。你是要随波逐流，还是要守住底线？你是要昧着良心草菅人命，还是要以一己之力助力进化？屈原做过抉择，东坡做过抉择，似乎在相似的历史语境里，总有同样的问题来考验个体。我决心回到学校，回到孩子们中去。2023年是"抉择"。

于是，我去了新学校。初夏时分，新学校还是一片工地。我带着对生活的期许踏入了这片新天地。新的总是好，新学校、新学生、新同事、新领导、新工作。新学校好大，在里面摸索了一个多月才不至于迷路，空荡的校园令我安心。初中生比高中生可爱，第一节课直接问我"你是不是学校里最老的老师？"我太久没听过这么可爱的童言稚语了，竟感动得有点想哭。新同事是一帮朝气蓬勃的年轻人，他们出生的时候，王菲和那英在唱《1998》；新领导也是与众不同的风格，新工作充满挑战，一切从"0"开始。我在这一片新天地里慢慢寻找着属于自己的位置。2024年，我适应了。

回顾第四个十年——启程、突破、耕耘、悲伤、救赎、觉醒、开眼、抉择、适应，这条生涯彩虹图，起起落落、浮浮沉沉，在低谷中省察人间冷暖，在高峰时体验成功收获，在奋进中看见自我成长，在沉沦时审视熵增迷茫，在欢愉后感受生命喜悦，在顿悟里体会宇宙广袤，人世间的一切奥妙和真谛，不就在这连绵起伏里吗？

跨年晚上，我发了一条朋友圈："飞蓬各自远，且尽手中杯。无论去与往，俱是梦中人"。这四句诗不是我的原创，我把李白与王勃的诗句进行拼合，大意是"我们就如飞蓬一样各自飘远，且来个淋漓痛快且饮手中杯！不论是离开的人，还是留下的人，彼此都会在对方的梦中出现"。我一直期待2025年的到来。它不能像我的2017那样懵懂，更不能像2019那样悲伤，它也不能像2023那样迷茫，2025我只是"转身"。**转身告诉世界，只要你守住能量，只要你坚持善良，只要你踌躇满志地酝酿，你在2025里就能闪亮登场。**

每日我很享受从地铁站出来的这一段路。那一面又一面墙，绘制了各式趣味图画。墙上长满了牵牛花，淡紫、浅粉、纯白，居然还有绿色的，枝枝丫丫里饱含着对生命的热望。整个世界安安静静，没有纷繁复杂的信息侵扰。昨天那些最殷勤的笑脸，今晨又攀上了新的藤蔓。只要藤蔓一直连接到房檐上，那些牵牛花就能开满整个夏天。历史一直在重演。

张日威

2025.4.15 于深圳